新能源汽车维护与保养

主　编　骆永华　黄钧浩　唐跃辉

主　审　张志强　尹宏观

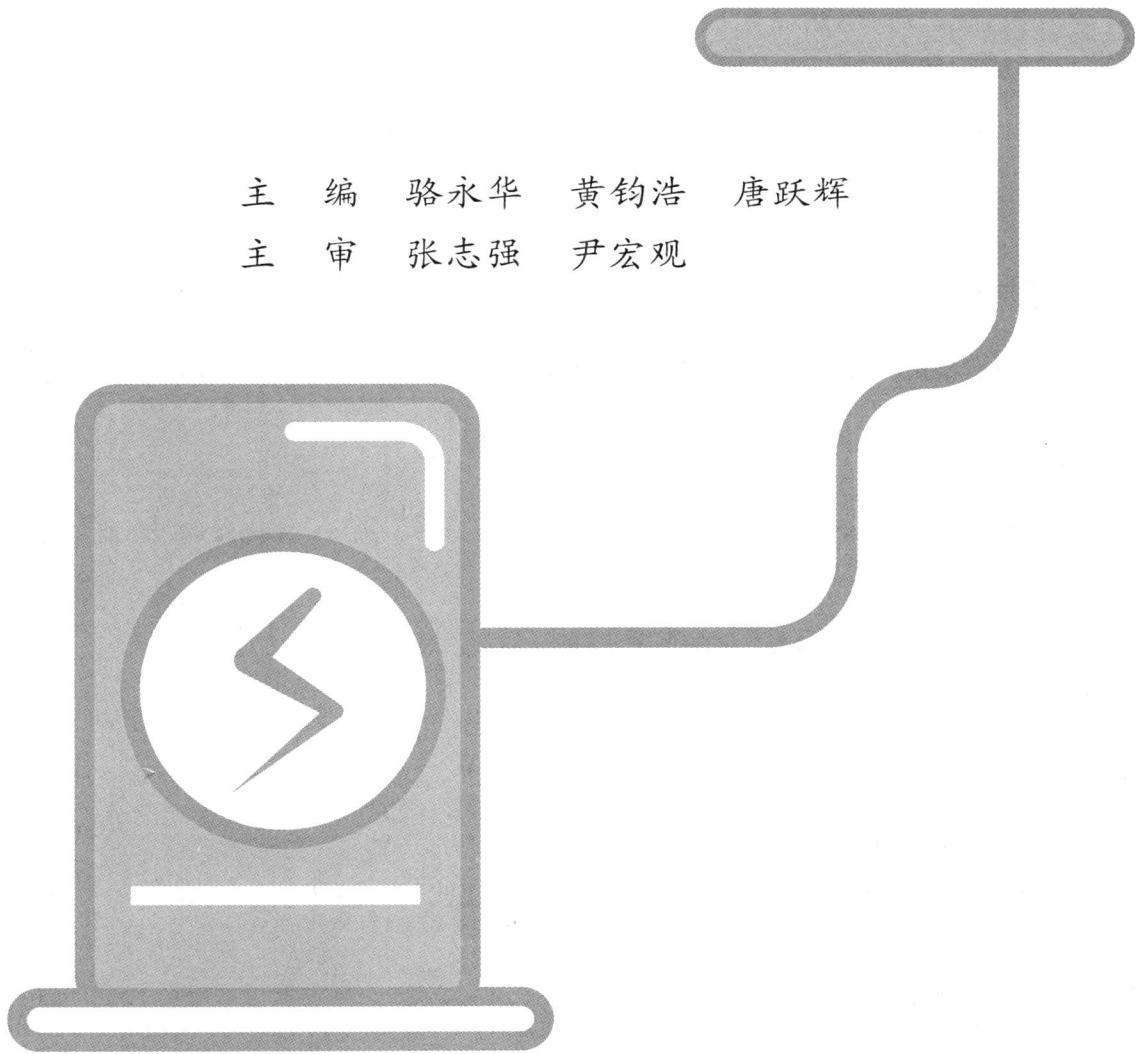

西安电子科技大学出版社

内 容 简 介

　　本书是按照新能源汽车运用与维修"1＋X"证书制度的职业技能等级标准要求编写的校企合作教材。本书包括新能源汽车安全防护、充电系统检查维修、驱动电机系统检查保养、动力电池及管理系统检查保养四个模块，每个模块都包含 4 个任务，每个任务都由任务目标、任务定位、设备与工具清单、作业项目、相关知识、学习任务练习单六个部分组成。

　　本书融合"1＋X"书证融通模式，内容新颖全面，图文并茂，通俗易懂，易学好教，可作为职业院校汽车类专业学生的教学用书，或作为汽车"1＋X"技能考证用书及比赛训练用书，同时也可作为职业技能培训和相关专业人员的参考书，属于综合育人教材。

图书在版编目(CIP)数据

新能源汽车维护与保养/骆永华，黄钧浩，唐跃辉主编. --西安：西安电子科技大学
出版社，2024.7
ISBN 978 - 7 - 5606 - 7111 - 6

Ⅰ. ①新… 　Ⅱ. ①骆… ②黄… ③唐… 　Ⅲ. ①新能源—汽车—车辆修理②新能源—汽车—车辆保养　Ⅳ. ①U469.7

中国国家版本馆 CIP 数据核字(2023)第 220554 号

策　　划　周　立
责任编辑　周　立
出版发行　西安电子科技大学出版社(西安市太白南路 2 号)
电　　话　(029)88202421　88201467　　邮　　编　710071
网　　址　www.xduph.com　　　　　电子邮箱　xdupfxb001@163.com
经　　销　新华书店
印刷单位　陕西博文印务有限责任公司
版　　次　2024 年 7 月第 1 版　2024 年 7 月第 1 次印刷
开　　本　787 毫米×1092 毫米　1/16　印　张　13
字　　数　306 千字
定　　价　46.00 元
ISBN 978 - 7 - 5606 - 7111 - 6/U

XDUP 7413001 - 1

＊＊＊如有印装问题可调换＊＊＊

前　言

2020年11月，国务院办公厅印发《新能源汽车产业发展规划（2021—2035）》，明确坚持新发展理念，以深化供给侧结构性改革为主线，坚持电动化、网联化、智能化发展方向，推动我国新能源汽车产业高质量可持续发展，加快建设汽车强国。

随着我国新能源汽车行业的快速发展，急需大批新能源汽车维护和维修相关技术人才，我国职业院校承担着的就是培养新能源汽车技术技能人才的历史重任。目前，国家大力倡导书证融通，我们的教学也需要真正将行业知识融入课程体系，不能仅停留在书本上，而是要体现企业真实生产与教学三对接原则。本书是"1＋X"书证融通模式理实一体化教材，紧密围绕"1＋X"新能源汽车运用与维修职业技能等级证书的等级标准和考核项目进行任务化、模块化开发，符合国家三教改革发展方向需要。

本书内容紧贴"1＋X"证书制度，按照其标准进行编写，同时与长安汽车股份有限公司实现校企联合开发，得到企业深度认可。在对新能源汽车技术技能人才岗位调研的基础上，编者分析岗位典型工作任务，根据典型任务对教材进行任务化、模块化开发。为方便职业院校开展模块化教学、数字化教学以及信息化教学，编者为教材配套开发了"新能源汽车维护与保养教学资源库平台"，为每一个学习单元配套开发了教学设计、教学课件、任务工单、微课视频等丰富的教学资源，读者可以扫描书中二维码观看。

本书由重庆市九龙坡职业教育中心、重庆长安汽车股份有限公司、深蓝汽车科技有限公司共同编写。骆永华、黄钧浩、唐跃辉担任主编，邓道军、周诗权、于芳、武莉、陈志军、吕值敏、郭昌桥、刘富天担任副主编。骆永华、邓道军、蔡红涛、敖昆负责编写模块1（新能源汽车安全防护）；黄钧浩、于芳、武莉、陈志军、刘富天负责编写模块2（充电系统检查维修）；唐跃辉、吕值敏、郭昌桥、陈志强负责编写模块3（驱动电机系统检查保养）；周诗权、刘渝威、向梦竹、程洪良、杨发明负责编写模块4（动力电池及管理系统检查保养）。重庆长安汽车股份有限公司为本书的编写提供了大量企业案例作为支撑，在此表示感谢。

由于时间仓促，编者水平有限，书中疏漏和不妥之处在所难免，欢迎广大读者提出宝贵意见和建议。

编　者
2023 年 7 月

本书思政元素参考如下：

内容	育人目标	案 例
项目 1	1. 国家情怀教育 2. 珍爱生命意识 3. 遵章守纪教育	比亚迪第 500 万辆新能源汽车正式下线，成为全球首家达成这一里程碑数量的车企
项目 2	1. 培养工匠精神 2. 培养创新精神	电动汽车，自动驾驶技术，智能汽车
项目 3	1. 遵章守纪教育 2. 培养工匠精神 3. 培养创新精神	第七届南粤工匠，新能源汽车核心技术佼佼者凌和平介绍
项目 4	1. 培养创新精神 2. 培养工匠精神 3. 培养环境保护意识	长安新能源汽车通过不懈努力，在新能源汽车市场上迅速崛起，乘用车型紧密围绕环保理念设计，采用清洁能源动力系统，实现燃油和尾气排放的极大减少

目 录

模块 1 新能源汽车安全防护

任务 1.1　用电安全防护与安全生产

一、任务目标

1. 知识目标

（1）了解新能源汽车安全用电知识。

（2）了解新能源汽车维护与保养对场地的要求。

（3）了解防护用具的使用。

2. 技能目标

（1）能够正确布置新能源维护工位。

（2）能够正确使用高压防护工具、维修工具。

（3）能利用互联网检索新能源汽车维护与保养方面的发展动态。

3. 素养目标

（1）能够在工作过程中与小组其他成员合作、交流，养成团队合作意识，锻炼沟通能力。

（2）养成 7S 工作习惯，遵循企业文化。

（3）弘扬工匠精神，宣扬社会主义核心价值观，培养奋发图强的爱国主义精神。

（4）强化节约与环保意识。

二、任务定位

任务定位见表 1-1-1。

三、设备与工具清单

设备与工具清单见表 1-1-2。

表 1-1-1　任 务 定 位

工作	一							二				三				四			
职业功能	新能源汽车安全防护							充电系统检查保养				驱动电机系统检查保养				动力电池及管理系统检查保养			
任务分解要项				1	2	3	4	5	6	7	8	9	10	11	12	13	14	15	16
培训项目	资料数据参数	仪器量具使用	拆装量具调试	用电安全防护与安全生产	维修检测设备安全使用	高压用电作业安全规范	举升设备使用维护保养	充电桩安装与供电规范	车载充电机检查保养	车辆充电接口检查保养	车载充电系统检查保养	驱动电机系统检查保养	驱动电机控制系统检查保养	驱动电机冷却系统检查保养	减速传动机构检查保养	动力电池系统检查保养	动力电池绝缘系统检查保养	电池模组及管理器检查保养	动力电池热管理系统检查保养
技能知识	4							4				4				4			
单组时间	3	3	3	3	3	3	3	3	3	3	3	3	3	3	3	3	3	3	3

表头：【新能源汽车维护与保养】强化项目表

注：4 表示一个模块 4 个技能知识；3 表示一个技能知识 3 个课时。

表 1-1-2　设备与工具清单

任　　务	作 业 项 目	设备与工具清单
用电安全防护与安全生产	新能源汽车维护场地及防护工具准备	1. 高压维修工位； 2. 动力电池拆卸维修工具、工具箱、零件盒； 3. 高压防护用具； 4. 电脑、维修手册

四、作业项目

新能源汽车维护场地及防护工具准备

1．工作情境描述

新能源汽车维护在场地准备、维修工具准备以及对维护操作人员的要求等方面都与传统汽车维护不同。新能源汽车维护要求有专用的高压维护工位，还需要设置高压警示标志，铺设绝缘垫，准备防护用具和绝缘工具等。

2．作业设备工具

高压维修工位、动力电池拆卸维修工具、高压防护用具、灭火器、电脑、维修手册。

3．作业准备

检查高压维修工位、动力电池拆卸维修工具、高压防护用具。

4．作业步骤

（1）高压维修工位的准备步骤见表 1-1-3。

表 1-1-3　高压维修工位的准备步骤

图　示	检查及操作步骤	是否完成
	检查安全隔离警示是否设置	是□　否□
	检查维修工位是否干净整洁且通风	是□　否□
	检查周边是否有易燃品和无关的金属物品	是□　否□
	检查维修工位上是否配有防护用品	是□　否□
	检查维修工位上是否铺设绝缘垫	是□　否□
	检查工位旁边是否有其他无关人员	是□　否□

（2）动力电池拆卸维修工具的准备步骤见表 1-1-4。

表 1-1-4　动　力　电　池

图　示	检查及操作步骤	是否完成
	核对动力电池举升车的举升范围是否与待操作车型动力电池重量相匹配	是□　否□
	检查动力电池举升车电线及操作开关是否正常	是□　否□
动力电池举升车	检查用于动力电池转运的手动堆高车的技术参数是否与待操作车型动力电池重量相匹配	是□　否□

（3）高压防护用具的准备步骤见表 1-1-5。

表 1-1-5　高压防护用具的准备步骤

图　示	检查及操作步骤	是否完成
绝缘垫	检查绝缘垫是否有破损、磨损等现象，可用绝缘测试仪测量其对地绝缘电阻	是□　否□

图　　示	检查及操作步骤	是否完成
绝缘头盔	检查绝缘头盔的绝缘等级是否与当前车型工作电压相匹配。 检查绝缘头盔有无明显破损	是□　否□
绝缘手套	检查绝缘手套的绝缘等级是否与当前车型工作电压相匹配。 检查绝缘手套有无明显破损	是□　否□ 是□　否□ 是□　否□ 是□　否□
	当前绝缘手套和绝缘头盔的防护电压为 1000 V	
皮手套	检查皮手套有无破损、油污等现象	是□　否□
护目镜	检查护目镜是否有裂纹、损坏	是□　否□
绝缘鞋	检查鞋面是否干燥，有无磨损，鞋底是否断裂	是□　否□
防护服	检查防护服的防护等级	防护等级_____V
	检查防护服有无破损	是□　否□

（4）绝缘工具的准备步骤和防护用具的穿戴方法见表 1－1－6。

表 1－1－6　　绝缘工具的准备步骤和防护用具的穿戴方法

绝缘工具	检查绝缘工具的绝缘防护等级	绝缘防护等级 _____ V
	检查绝缘工具的绝缘阻值	绝缘阻值_____ Ω
	检查绝缘工具绝缘层有无明显破损	是□　否□
灭火器	检查是否配备灭火器，以及灭火器是否在有效期内	是□　否□
绝缘鞋	检查绝缘鞋是否正确穿戴	是□　否□
	检查护目镜是否正确佩戴	是□　否□

	检查绝缘帽是否正确佩戴	是□　否□
	检查绝缘手套是否漏气	是□　否□
	检查绝缘手套是否正确穿戴	是□　否□

（5）按 7S 标准进行场地整理。

7S 指的是整理、整顿、清扫、清洁、素养、安全和节约这七个方面。其中，整理是指把必要的物品和不必要的物品区分开，把不必要的物品去除掉；整顿是指把必要的物品放在指定位置，即标准化；清扫是指使公司内部消除脏乱，及时发现缺点；清洁是指保持整理、整顿、清扫的清爽状态，无脏乱；素养是指自觉遵守规定事项，养成良好习惯；安全是指操作设备稳定可靠，按规程作业；节约是指优化、合理配置各种资源，杜绝铺张浪费。

灭火器使用步骤：

（1）在灭火时，将干粉灭火器提到起火地点，首先提起干粉灭火器上下晃动，使干粉灭火器内的干粉变得松散。

（2）拔掉铅封、保险销，在离火苗5～7 m处，一只手拿喷管对准火苗，另一只手用力压下压把，使喷管左右摆动，干粉在气体的压力下由喷嘴喷出，形成浓云般的粉雾而使火熄灭。

5. 任务工作单

1）制订计划

根据新能源汽车维护作业对场地和工具的要求，制订新能源汽车场地及维护工具准备作业计划，见表1-1-7。

表 1-1-7　新能源汽车场地及维护工具准备作业计划表

新能源汽车场地及维护工具准备作业计划		
序　号	作业项目	操作要点
计划审核	审核意见： 　　　　　　　　　　年　　月　　日　签字：	

2）小组分工

根据任务计划完成小组分工，见表1-1-8。

表 1 - 1 - 8　小 组 分 工

主要操作人员		记录人员	
协助操作人员		审核人员	
仪器设备、工具、材料			
序　号	名　　称	数　量	是 否 清 点
1			是□　否□
2			是□　否□
3			是□　否□
4			是□　否□
5			是□　否□
6			是□　否□
7			是□　否□
8			是□　否□
9			是□　否□
10			是□　否□

6. 作业任务总结

7. 作业评分表

新能源汽车维护场地及防护工具准备作业评分表见表 1-1-9。

表 1-1-9　新能源汽车维护场地及防护工具准备作业评分表

项　目	评　分　标　准	分值	得分
任务导入	明确工作任务，理解任务在工作中的重要程度	5	
知识要点	了解纯电动汽车维护高压场地、设备等要求	10	
	熟悉电动汽车高压作业个人防护用具及维修工具	10	
任务计划	按照场地准备要求制订新能源汽车场地及维护工具准备作业计划	10	
	能协同小组人员安排任务分工	5	
	能在实施前准备好所需要的工具器材	5	
任务实施	高压维修工位准备	5	
	动力电池拆卸维修工具准备	2	
	绝缘手套、绝缘头盔的准备及检查穿戴	6	
	护目镜准备与检查佩戴	1	
	绝缘鞋准备与检查穿戴	6	
	绝缘服准备与检查穿戴	6	
	绝缘工具的准备与检查	10	
任务检查	任务完成，操作过程规范	10	
任务评价	能对自身表现情况进行客观评价	5	
	在任务实施过程中发现自身问题	4	
得分(满分 100)			

五、相关知识

1. 安全用电

1）电的三个要素

（1）电流 I，导体中的带电粒子的定向运动就是电流，电磁学上把单位时间里通过导体任一横截面的电量叫做电流强度，简称电流，通常人们把电荷有规律的运动叫做电流。

（2）电压 U，衡量单位电荷在静电场中由于电势不同产生的能量差的物理量，指静电场或电路中两点之间的电位差，其等于单位正电荷在电场力的作用下，从一点移动到另一点所作的功。

（3）电阻 R，电流通过导体时，由于各种导体中存在电阻率，一方面允许电流通过，另

高压触电认知

一方面又阻碍电流的通过，这种阻力叫做导体的电阻。

2）电流电压和电阻的关系

欧姆定律：

$$U = IR$$

式中：U——电压（V）；

R——电阻（Ω）；

I——电流（A）。

根据欧姆定律，电流、电压和电阻间存在以下关系：

（1）增加电压可以增大电流。

（2）减少电阻可以增大电流。

这种关系可归纳如下：电流与电压成正比，与电阻成反比。

3）直流电和交流电

方向保持不变的电流叫直流电。方向改变、电流量也改变的电流叫交流电。

（1）直流电（DC）。这一类型的电流以恒定方向流动，从正极到负极，如汽车蓄电池或干电池就提供直流电，如图 1-1-1 所示。

（2）交流电（AC）。这一类型的电流按一定的时间间隔改变方向。家庭用电及工业用电都是交流电的例子，如图 1-1-2 所示。

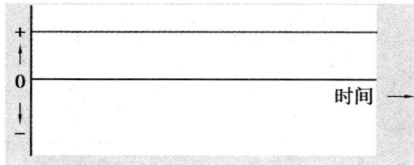

图 1-1-1 直流电

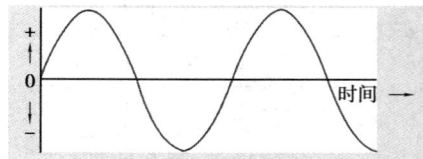

图 1-1-2 交流电

4）低压电与高压电的区分标准

电压的高、中、低等级的划分较为复杂，不仅在不同应用场合可能存在不同，而且交流电和直流电的等级划分也有所不同。例如在电气工程中，220 V 和 380 V 都属于低压，而在安全用电方面，220 V 和 380 V 则都属于高压。我国规定的安全电压分为三个等级：

（1）在特别危险的场所为 12 V；

（2）在高度危险的场所为 36 V；

（3）在无高度危险的场所为 65 V。

5）安全电压

安全电压是指人体不穿戴任何防护设备时，触及带电体不受电击或电伤时对应的电压。人体触电的本质是电流通过人体产生有害效应，触电的条件是人体两部分同时接触了带电体，而且两个带电体之间存在电位差。

6）触电机理

电流对人体的危害性跟电流的大小及通电时间长短等因素有关。当通过人体的电流为 20 mA 时，人体就很难摆脱带电体；当电流达到 50 mA 时，对人将是致命的；当电流达到 100 mA 时，短时间内人就会死亡。

根据电流的大小，将其分为三个等级，如图 1-1-3 所示。

（1）感觉电流；

（2）摆脱电流；

（3）室颤电流。

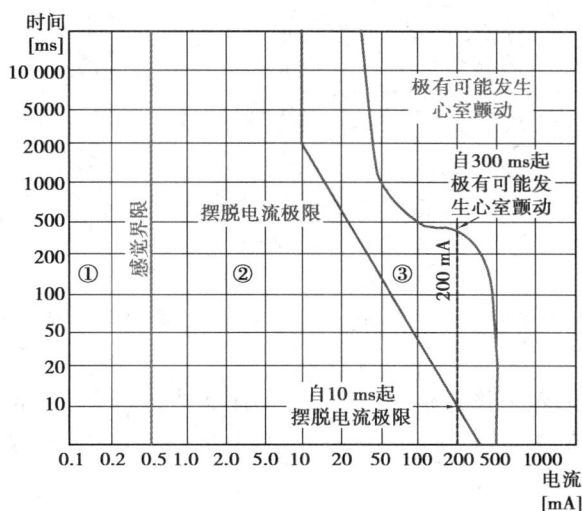

图 1-1-3　人体通过电流反应值

7）高电压与人体伤害

（1）人体安全电压。

通常，当人体接触到 25 V 以上的交流电或 60 V 以上的直流电时，就有可能发生触电事故。人体的触电并不是指人体接触到了很高的电压，而是因为过高的电压通过人体这个电阻后，会在人体中形成电流，从而导致对人体的伤害。因此伤害人体的不是电压，而是电流，如图 1-1-4 和图 1-1-5 所示。

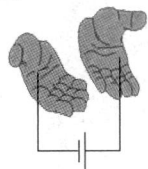 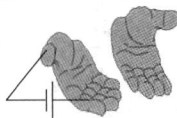 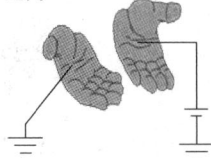 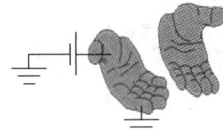

图 1-1-4　直接回路　　　　　　　　　　　图 1-1-5　间接回路

在电网中，一般认为 36 V 是人体的安全电压。实际上在高电压的新能源汽车中，这个电压值并不完全准确，主要原因是：一方面，人体的电阻会存在个体的差异性，例如身形的胖瘦不同，性别不同，其电阻值都不会一样，如图 1-1-6 所示；另一方面，人所处的工作环境也会导致人体的电阻值发生变化，例如在潮湿的夏天和干燥的冬天，人体表现的电阻就不一样，环境越潮湿，人体的电阻就会越小。此外，还需要注意的是每个人对电流流过身体的反应也不一样，有一部分人可能能够承受更大的电流。因此，目前国际上对安全电压通行的认识是直流 60 V 以下，交流 25 V 以下。

电流路径	人体电阻/Ω
手-手 手-脚	1000
手-脚	750
手-脚	500
手-胸	450
手-胸	230
手-臂部	300

750 Ω

图 1-1-6　人体基本电阻值

（2）能够最终对人体产生伤害的是电流，电流对人体的伤害有三种形式：电击、电伤和电磁场伤害。

① 电击是指电流通过人体，破坏人的心脏、肺及神经系统的正常功能。

② 电伤是指电流的热效应、化学效应和机械效应对人体的伤害，主要指电弧烧伤、熔化金属溅出烫伤等。

③ 电磁场生理伤害是指在高频磁场的作用下，人会出现头晕、乏力、记忆力减退、失眠、多梦等神经系统的症状。

一般认为，电流通过人体的心脏、肺部和中枢神经系统的危险性较大，特别是电流通过心脏时，危险性最大。所以从手到脚的电流途径最为危险，因为沿该条途径有较多的电流通过心脏、肺部等重要器官；其次是从一只手到另一只手的电流途径，如图 1-1-7 所示。

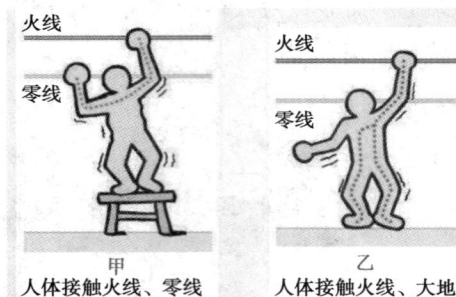

火线

零线

甲
人体接触火线、零线

火线

零线

乙
人体接触火线、大地

图 1-1-7　最危险的触电形式

此外，触电还容易因剧烈痉挛而摔倒，导致电流通过全身并造成摔伤、坠落等二次事故，这也是极其危险的。

（3）电伤现象。

① 电烧伤，如图 1-1-8 所示。

② 电流灼伤。

③ 电弧烧伤。

高压触电后的急救处理方法

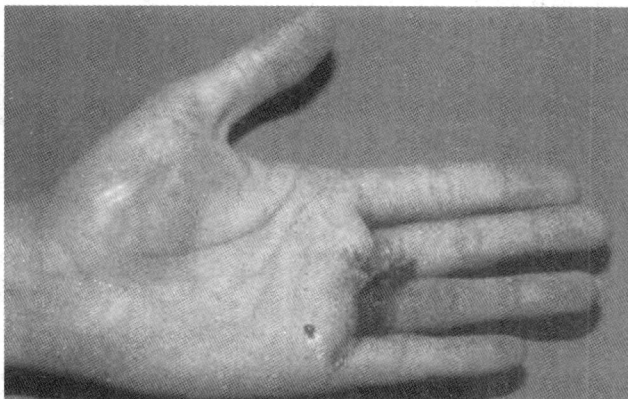

图 1-1-8　电烧伤

（4）触电急救的方式。

① 立即切断电源。

② 紧急救护。

8）电气火灾原因

（1）过载。所谓过载，是指电气设备或导线的功率和电流超过了其额定值。造成过载的原因有以下几个方面：

① 设计、安装时选型不正确，使电气设备的额定容量小于实际负载容量。

② 设备或导线随意装接，增加负荷，造成超载运行。

③ 检修、维护不及时，使设备或导线长期处于异常运行状态。

（2）短路造成的电弧和火花。

（3）接触不良。

（4）烘烤。

（5）摩擦。

（6）静电。

9）扑灭电气火灾的方法

（1）窒息灭火法。

（2）冷却灭火法。

（3）隔离灭火法。

（4）抑制灭火法。

10）常用灭火器（如图 1-1-9 所示）

（1）二氧化碳灭火器。

（2）干粉灭火器。

（3）泡沫灭火器。

（4）其他。

图 1-1-9　常用的灭火器

2. 新能源汽车维护操作规范

1）基本规范

维护保养时，固定或脱掉宽松衣物，摘除戒指、手表等饰物，并佩戴防护眼镜。金属饰物接触带电零部件会导致触电或者烧伤。

禁止随意拆卸、移动、更换高压部件、线束及接插件，否则可能会导致严重烧伤或触电，造成人员伤亡。

禁止进入紧靠千斤顶支撑的车下。如果需要进入车下操作，必须使用安全支架。

无论因何种原因举升或支撑驱动电机时，禁止将千斤顶支撑在任何钣金件或管路下方，以任何不正确的方式举升驱动电机都可能导致部件损坏或人身伤害。

在打开部件的保护性壳体之前，先将其搭铁，禁止将固态部件放在金属工作台上或者电视机、收音机及其他电气设备的顶部。

2）仪器设备检测规范

禁止将测试设备（例如数字式万用表等）的探针插入线束插接器或熔丝盒端子中，测试探针的直径较大会使大多数端子变形，端子变形后会接触不良，从而导致系统故障。务必使用专用工具，从前部探测端子，禁止用回形针或其他替代物去检测端子。

3）维护操作人员规范要求

维护人员操作高压系统前必须穿戴好以下绝缘防护用品：

（1）穿好绝缘防护服，穿好绝缘鞋，戴好防护眼镜。

（2）戴好绝缘手套，根据工作情况选择相应的防高压电工手套或防电池电解液的耐酸碱性手套。

（3）绝缘工具使用前必须检查，保证其无破损、破洞和裂纹，内外表面清洁、干燥，禁止带水进行操作，以确保安全。

（4）高压系统下电（断开直流母线或断开手动维修开关）后，需要等待 5min 以上，使电机控制器、充电机等内部有电容元件的部件充分放电。

（5）在车辆上电前，注意确认是否有人员在进行高压维修操作，避免发生危险。

4）高压系统检查规范要求

（1）检修高压系统时，断开启动开关电源，脱开动力电池负极电缆并断开直流母线，由专职监护人员保管，并确保在维修过程中不会有人将其重新安装。

（2）检修高压线时，对拆下的任何裸露出的高压部位，应立刻用绝缘胶带包扎。

（3）安装高压线时，必须按照车身固定孔位要求将线束固定好。

（4）禁止用手指触摸高压线束插接器里的带电部分以免触电，另外应防止有细小的金属工具或铁条等物体接触到插接器中的带电部分。

5）动力电池检修规范

（1）在检修动力电池时，为了防止电解液泄漏造成人员伤害，维修人员必须佩戴耐酸碱性手套和防护眼镜，以防止电解液腐蚀皮肤和溅入眼中。

（2）断开直流母线只是切断了从动力电池到高压用电设备的电源，动力电池仍然是有电的。

（3）当需要检修动力电池时，应使用绝缘胶带包好裸露出的高压部件，以避免触电。

（4）搬运动力电池至动力电池维修专业工作台时，应用动力电池专用吊架，严禁直接用手抬动力电池。

3. 安全生产

1）高压维护工位的要求

（1）维修作业前设置好安全隔离警告。

（2）保持维修工位干净整洁、干燥通风。

（3）周边不得有易燃物品及与工作无关的金属物品。

（4）维修工位上必须配有防护用品。

（5）无关人员不得进入维修场地。

（6）垫好绝缘垫，防止对地触电。

专用的高压维修工位如图 1-1-10 所示。

个人防护设备及
车间防护设备认知

图 1-1-10 高压维修工位

2）操作人员要求

（1）操作人员上岗不得佩戴金属饰物，工作服衣袋内不得有金属物件。

（2）操作人员必须佩戴必要的防护工具。

（3）严禁非专业人员对高压部件进行拆装。

（4）操作人员必须经过高低压电工安全培训，并持有国家安监局颁发的特种作业操作证（电工证），如图 1-1-11 所示。

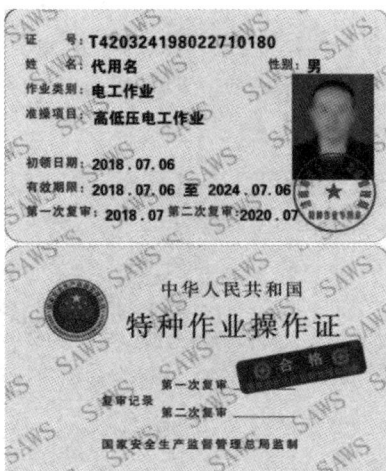

图 1-1-11 电工证

4. 新能源汽车维护的相关工具

1）维修工具（即高压电池维修工具）

（1）动力电池举升车：用于拆装动力电池的工具，可以托举动力电池，如图 1－1－12 所示。

（2）手动堆高车：用于装卸转运动力电池，如图 1－1－13 所示。

图 1－1－12　动力电池举升车

图 1－1－13　手动堆高车

（3）动力电池工作台。

2）高压防护工具

（1）绝缘垫。绝缘垫是具有较大的电阻率和耐电击穿的橡胶垫，在电动汽车维护时铺在地面上，起到绝缘作用，尤其是在雨季湿度大或者地面潮湿时，绝缘垫的作用将更加重要。

（2）放电工装。新能源汽车上有许多大电容，断电后电容中储存的电能尚未完全释放，此时进行高压操作有触电危险，需要使用放电工装放电后才能进行操作。

（3）绝缘手套。绝缘手套由天然橡胶制成，起到保护人体的作用，具有防水、防电、防油、耐化学品、耐酸碱等功能，如图 1－1－14 所示。绝缘手套是操作高压电气设备时重要的绝缘防护装备，每使用 6 个月必须进行预防性试验，每次使用前均需按照如图 1－1－15 所示方法检查。

当手套变脏时，要用肥皂和水温不超过 65 ℃的清水冲洗，彻底干燥后涂上滑石粉。洗后如发现仍然黏附有焦油或油漆等物质，应立即用适量清洁剂清洗此部位并将清洁剂冲洗干净。

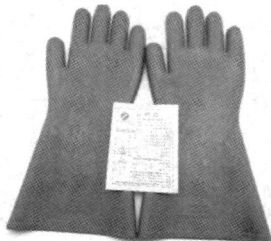

图 1－1－14　绝缘手套

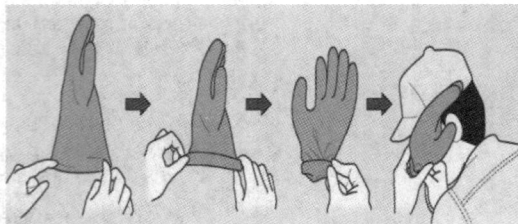

图 1－1－15　绝缘手套检查流程

（4）皮手套。在拆除及安装高压部件时应使用皮手套，且应套在绝缘手套的外面，起到保护绝缘手套的作用，如图 1－1－16 所示。

（5）绝缘头盔。电动汽车处于举升状态，进行维护时应使用绝缘头盔，如图 1-1-17 所示。使用前应检查绝缘头盔有无开裂或者损伤，有无明显变形，下颚带是否完好、牢固，佩戴时系好并适当调整下颚带。

图 1-1-16　皮手套

图 1-1-17　绝缘头盔

（6）防护眼镜。检查和维护电动汽车时需要佩戴防护眼镜，如图 1-1-18 所示。防护眼镜的主要作用是防止电弧伤眼。使用前应检查防护眼镜是否有裂痕、损坏。

（7）绝缘鞋。绝缘鞋是在高压操作时使人与大地绝缘的防护工具，一般在较为潮湿的场地使用，如图 1-1-19 所示。穿戴绝缘鞋前须检查鞋面是否有磨损，鞋面是否干燥，鞋底是否断裂。绝缘鞋应放在干燥通风的地方，禁止随意摆放，避免接触高温、尖锐物品和酸、碱、油类物品。

图 1-1-18　护目镜

图 1-1-19　绝缘鞋

（8）绝缘服。绝缘服如图 1-1-20 所示，它的主要作用是高压操作时对维修人员的身体进行保护。

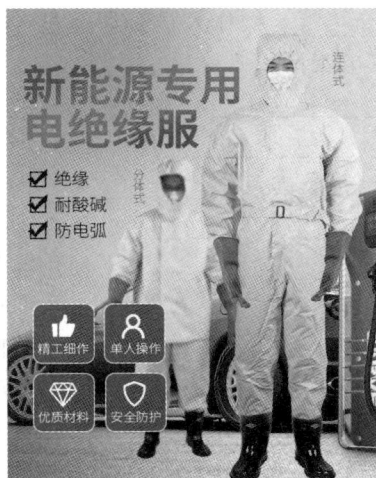

图 1-1-20　绝缘服

（9）绝缘维修工具。绝缘维修工具与传统维修工具相比，增加了抗高压的绝缘层，从而能够保证维修人员的人身安全，如图 1-1-21 所示。

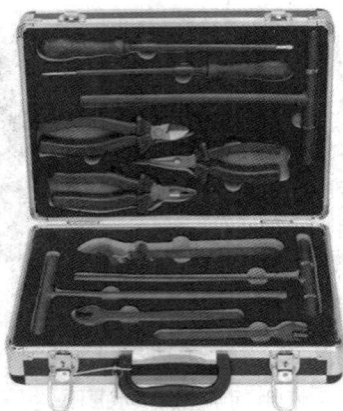

图 1-1-21　绝缘维修工具

六、学习任务练习单

新能源汽车安全用电 及安全生产	学习任务练习单	班级： 姓名：

1. 新能源汽车维护需要专用的＿＿＿＿＿＿＿＿工位。维护作业前应设置好＿＿＿＿＿＿＿＿警示。维修工位周边不得有＿＿＿＿＿＿＿＿＿＿及与工作无关的＿＿＿＿＿＿＿＿＿。维护工位应垫好＿＿＿＿＿＿＿＿＿，防止对地触电，还必须配有＿＿＿＿＿＿＿＿＿用品，其他无关人员禁止进入维护场地。

2. 维护操作人员上岗不得佩戴＿＿＿＿＿＿＿，工作服衣袋内不得有＿＿＿＿＿＿＿。且必须佩戴必要的＿＿＿＿＿＿＿＿＿。操作人员必须经过＿＿＿＿＿＿＿＿＿，并持有国家安监局颁发的特种作业操作证（电工证）。

3. 绝缘垫是具有较大的＿＿＿＿＿＿＿＿＿和＿＿＿＿＿＿＿＿＿＿的橡胶垫，主要在新能源汽车维护时铺在地面，起到＿＿＿＿＿＿＿＿＿作用。

4. 绝缘手套由天然橡胶组成，起到对＿＿＿＿＿＿＿＿的作用，并具有＿＿＿＿＿＿＿、＿＿＿＿＿＿＿＿＿、＿＿＿＿＿＿＿＿＿、耐酸碱等功能。

5. 护目镜的主要作用是防止＿＿＿＿＿＿＿＿＿＿，使用前先检查护目镜是否有裂纹、损坏等。

6. 穿戴绝缘鞋前应先检查鞋面是否有＿＿＿＿＿＿＿，鞋面是否＿＿＿＿＿＿＿，鞋底是否＿＿＿＿＿＿＿＿＿等。绝缘鞋应存放在干净通风的地方，避免接触高温、尖锐物品和酸、碱、油类物品。

7. 绝缘维修工具与传统维修工具相比多了＿＿＿＿＿＿＿＿＿，从而保护维修人员人身安全。

8. 简述新能源维护对操作人员的要求：

_____

_____

9. 简述绝缘手套、绝缘头盔、护目镜和绝缘鞋的作用和使用前的检查方法：

_____

_____

_____

_____

任务 1.2　维修检测设备安全使用

一、任务目标

1.知识目标

（1）了解故障诊断仪的作用。

（2）了解绝缘电阻表的作用。

（3）熟悉数字电流钳和数字万用表。

（4）了解示波器的作用。

2.技能目标

（1）能够正确使用故障诊断仪。

（2）能够正确使用绝缘电阻表。

（3）能够正确使用数字万用表。

（4）能够正确使用各种绝缘维修工具。

3.素养目标

（1）能够在工作过程中与小组其他成员合作、交流，养成团队合作意识，锻炼沟通能力。

（2）养成 7S 的工作习惯，遵循企业文化。

（3）弘扬工匠精神，宣扬社会主义核心价值观，培养奋发图强的爱国主义精神。

（4）强化节约与环保意识。

二、任务定位

任务定位见表 1-2-1。

表 1-2-1　任　务　定　位

【新能源汽车维护与保养】强化项目表																		
工作		一				二				三				四				
职业功能		新能源汽车安全防护				充电系统检查保养				驱动电机系统检查保养				动力电池及管理系统检查保养				
任务分解要项		1	2	3	4	5	6	7	8	9	10	11	12	13	14	15	16	
培训项目	资料数据参数	用电安全防护与安全生产	维修检测设备安全使用	高压用电作业安全规范	举升设备使用维护保养	充电桩安装与供电规范	车载充电机检查保养	车辆充电接口检查保养	车载充电系统检查保养	驱动电机系统检查保养	驱动电机控制系统检查保养	驱动电机冷却系统检查保养	减速传动机构检查保养	动力电池系统检查保养	动力电池绝缘系统检查保养	电池模组及管理器检查保养	动力电池热管理系统检查保养	
	仪器量具使用																	
	拆装量具调试																	
技能知识		4				4				4				4				
单组时间		3	3	3	3	3	3	3	3	3	3	3	3	3	3	3	3	

三、设备与工具清单

设备与工具清单见表 1-2-2。

表 1-2-2　设备与工具清单

任　务	作 业 项 目	设 备 与 工 具 清 单
维修检测设备 安全使用	检测设备的准备与使用	1. 故障诊断仪 2. 维修工具、工具箱、零件盒 3. 绝缘电阻表 4. 数字万用表、数字电流钳、示波器 5. 电脑、维修手册

四、作业项目

检测设备的准备与使用

1. 工作情境描述

新能源汽车高压系统检测需要专用工具，如绝缘测试仪、电流钳、红外测温仪等。电控单元故障码的读取与清除、数据流的读取（如动力电池单体电池电压、温度等数据的读取）等，需要专用的新能源车型故障诊断仪。你会使用这些专用检测工具及仪器吗？

2. 作业设备工具

故障诊断仪、维修工具、工具箱、零件盒、绝缘电阻表、数字万用表、数字电流钳、示波器、电脑、维修手册等。

3. 作业准备

检查举升机，车辆在工位停放周正，铺好车内和车外护套。

4. 作业步骤

（1）故障诊断仪的作业步骤见表 1-2-3。

表 1-2-3　故障诊断仪的作业步骤

图　　示	检查及操作步骤	是否完成
 故障诊断仪	检查故障诊断仪是否与待操作车型相匹配	是□　否□
	检查车载诊断系统（on-Board Diagnostics，OBD)适配器外观及针脚是否正常	是□　否□
	检查故障诊断仪电量是否充足	是□　否□
	检查故障诊断仪打印功能是否正常、打印纸是否充足	是□　否□

（2）高性能数字绝缘测试仪的作业步骤与使用方法见表 1-2-4。

表 1-2-4　高性能数字绝缘测试仪的作业步骤与使用方法

图　　示	检查及操作步骤	是否完成
绝缘测试仪	检查绝缘测试仪电池电量是否充足	是□　否□
	检查绝缘测试仪测试笔导线是否有破损	是□　否□
	操作绝缘测试仪挡位开关，检查是否灵活	是□　否□
绝缘测试仪	① 在测量绝缘电阻值时，应先断开高压系统，拆除低压蓄电池负极，等待高压系统放电完毕。 ② 在检测绝缘电阻时，将测试探头插入 V 和 COM（公共）输入端子。 ③ 将探头与待测电路连接，测试仪会自动检测电路是否通电。 ④ 按压测试按钮，此时将获得一个有效的绝缘电阻值读数。 ⑤ 继续将探头留在测试点上，然后释放测试按钮，被测电路即开始通过测试仪放电	

（3）数字电流钳的作业步骤与使用方法见表 1-2-5。

表 1-2-5　数字电流钳的作业步骤与使用方法

图　　示	检查及操作步骤
数字电流钳	① 估算电流大小，选择正确的挡位与电流类型。例如，若需要测量三相电机的某一相电流，则选择交流电流挡。 ② 打开电流钳，将被测量线路放入电流钳口中。注意测量时电流钳应该保持钳口闭合，否则将无法测出正确的电流。 ③ 接通被测量装置，读取电流值。 ④ 如需测量一个变化的电流，应在上述步骤的基础上按下"MAX"键后再启动电流钳或根据使用说明操作

（4）兆欧级电阻表、万用表、红外测温仪的外型及功能介绍见表 1-2-6。

表 1-2-6　兆欧级电阻表、万用表、红外测温仪的作业步骤

图　示	功　能
 兆欧级电阻表	兆欧级电阻表：俗称摇表，是用来测量大电阻和绝缘电阻的检测仪器。由于其计量单位是兆欧，所以被称为兆欧级电阻表
 万用表	万用表：可以用来检测电流、电压、电阻以及电路的通断等
 红外测温仪	手持红外测温仪：对准被测元件，按下按钮，显示屏将显示被测元件的温度值数据

（5）场地整理。按 7S 标准进行场地整理。

　温馨提示：测量前将被测物体断电，并进行放电，不允许带电测试，以确保检测人员人身安全。

5. 任务工作单

1）制订计划

根据新能源汽车维护作业对检测设备工具的要求，制订新能源检测设备的准备作业计划，见表 1-2-7。

表 1-2-7 新能源检测设备的准备作业计划表

新能源检测设备的准备作业计划		
序　号	作 业 项 目	操 作 要 点
计划审核	审核意见：　　　　　　　　　　　　　　　　　年　　月　　日　签字：	

2）小组分工

根据任务计划完成小组分工，见表1-2-8。

表 1-2-8　小 组 分 工 表

主要操作人员		记录人员	
协助操作人员		审核人员	
仪器设备、工具、材料			
序号	名　　称	数量	是否清点
1			是□　　否□
2			是□　　否□
3			是□　　否□
4			是□　　否□
5			是□　　否□
6			是□　　否□
7			是□　　否□
8			是□　　否□
9			是□　　否□
10			是□　　否□

6. 作业任务总结

_____

_____

_____

_____

_____

_____

7. 作业评分表

检测设备的准备和使用作业评分见表 1 - 2 - 9。

表 1 - 2 - 9　检测设备的准备和使用作业评分表

项　目	评 分 标 准	分值	得分
任务导入	明确工作任务,理解任务在工作中的重要程度	5	
知识要点	了解纯电动汽车维护对检测设备的要求	10	
	熟悉电动汽车高压作业个人防护用具及维修工具	10	
任务计划	按照要求制订新能源汽车维护检测工具准备检查及使用作业计划	10	
	能协同小组人员安排任务分工	5	
	能在实施前准备好所需要的工具器材	10	
任务实施	诊断仪准备、检查与正确使用	5	
	高性能数字绝缘测试仪的准备、检查	6	
	高性能数字绝缘测试仪的正确使用	10	
	数字电流钳的准备、检查	5	
	数字电流钳的正确使用	10	
任务检查	任务完成,操作过程规范	10	
任务评价	能对自身表现情况进行客观评价	2	
	能在任务实施过程中发现自身问题	2	
得分(满分100)			

五、相关知识

1. 认识检测工具

1) 故障诊断仪

故障诊断仪是用于检测汽车故障的便携式设备，如图 1-2-1 所示。用户可以利用它迅速地诊断汽车电控系统中的故障，并通过液晶显示屏显示的故障信息，迅速查明发生故障的部位及原因。

新能源汽车维修工量具的名称作用和使用规范认知

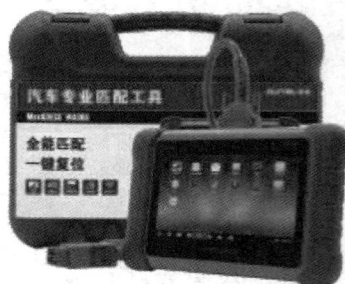

图 1-2-1　某品牌故障诊断仪

2) 绝缘电阻表

绝缘电阻是表征电动汽车电气绝缘性能好坏的重要参数。高压线绝缘介质老化或者受潮，会导致高压电路和车辆底盘之间的绝缘性能下降，负极引线通过绝缘层和底盘构成漏电电流回路，使底盘电位上升危及乘客的人身安全。为了消除高压电对车辆和驾乘人员的潜在人身威胁，保证电动汽车电气系统安全，在汽车维护时需要使用绝缘电阻表检测电阻。

绝缘电阻表主要分为高能数字绝缘测试仪和兆欧级电阻表。

高性能数字绝缘测试仪是一种由电池供电的绝缘测试仪，如图 1-2-2 所示。它可以测试交流电压、直流电压、搭铁耦合电阻和绝缘电阻。

兆欧级电阻表俗称摇表，如图 1-2-3 所示，是用来测量大电阻和绝缘电阻的检测仪器，由于计量单位是兆欧，所以被称为兆欧级电阻表。

主显示区
辅显示区

图 1-2-2　高性能数字绝缘测试仪　　　图 1-2-3　兆欧级电阻表

3）数字电流钳

数字电流钳可以在不断电的情况下测量电气线路的电流，专门用于检测大电流交流电，由于其工作部分呈钳状，所以称为数字电流钳，如图 1-2-4 所示。

4）示波器

示波器可以将看不见的电信号转变成看得见的波形曲线，检测人员可以通过观察波形的频率、波峰、波谷、波长等要素判断电路的状态，如图 1-2-5 所示。

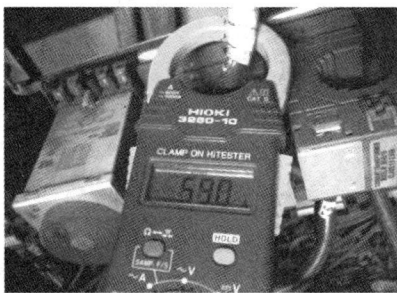

图 1-2-4　数字电流钳

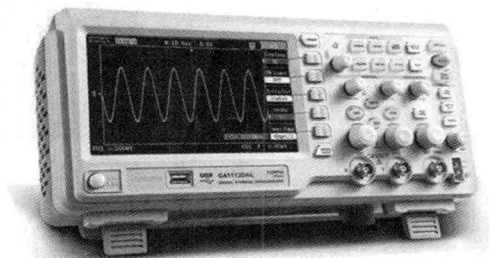

图 1-2-5　示波器

5）数字万用表

数字万用表是一种多功能测量仪器，如图 1-2-6 所示，可以用来检测电流、电压、电阻以及电路的通断等。

6）红外测温仪

温度异常往往是电气或机械设备发生故障的早期征兆。电气设备过热往往意味着短路、熔丝烧毁或过载。红外测温仪就是可以进行非接触式测温的仪器，如图 1-2-7 所示。

图 1-2-6　数字万用表

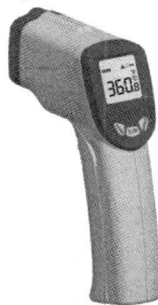

图 1-2-7　红外测温仪

2. 检测工具的使用方法

1）数字电流钳的使用方法

在电动汽车维修与诊断时，经常会需要测量导线中的电流。由于驱动系统的导线（如逆变器与电机之间）存在较大的交变电流，需要使用数字电流钳进行间接测量。

数字电流钳的工作部分主要由一只电流表和穿心式电流互感器组成。穿心式电流互感器的铁芯制成活动开口，且成钳形，故又名钳形电流表。它是一种无需断开电路就可测量电路中交流电流的携带式仪表。

在测量电流时，可以按以下步骤进行：

（1）估算电流大小，选择正确挡位与电流类型。例如，如果需要测量三相电机的某一相电流，如图1-2-8所示，则选择交流电流挡。

图1-2-8 挡位选择

（2）打开电流钳，将被测量线路放入电流钳口之中。

注意：测量时电流钳应该保持钳口闭合，否则测量出的电流不正确，如图1-2-9所示。

图1-2-9 钳口闭合测试

（3）接通被测量装置，读取电流值。

（4）如需测量一个变化的电流，应在上步的基础上按下"MAX"键后再启动电流钳或根据使用说明操作。

2）数字绝缘测试仪的使用方法

电动汽车的运行工况非常复杂，在运行过程中难免会出现部件和导线之间的摩擦、碰撞、挤压等，导致高压电路与车辆之间的绝缘性能下降，电源正负极通过绝缘层和底盘构成漏电回路，并可能引发电气火灾。因此，高压电路与车辆底盘之间的绝缘性是电动汽车的技术关键。在进行电动汽车检查和维护时，使用数字绝缘测试仪检测绝缘性能也是至关重要的。图1-2-10所示为数字绝缘测试仪外观。

数字绝缘测试仪的使用注意事项如下：

图1-2-10 数字绝缘测试仪外观

（1）应严格按照使用手册的规定使用。

（2）在将测试仪与被测电路连接之前，确保选用了正确的端子、开关位置和量程挡位。

（3）预先用测试仪测量已知电压来验证测试仪操作是否正确。

（4）端子之间或任何一个端子与接地点之间施加的电压，不能超过测试仪上标明的额定值。

（5）电压在 AC 30 V（交流有效值），AC 42 V（交流峰值）或 DC 60 V（直流）以上时应格外小心，这些电压有造成触电的危险。

（6）出现测试仪电池低电量指示时，应尽快更换电池。

（7）测试电阻、连通性、二极管或电容以前，必须先切断电源，并将所有的高压电容器放电。

（8）切勿在爆炸性的气体或蒸气附近使用测试仪。使用测试导线时，手指应保持在保护装置的后面。

3）测量绝缘电阻的步骤

根据欧洲 ECE－R100 标准，绝缘电阻必须至少为 5000 Ω/V。例如，如果高压线路的工作电压为 288 V，那么绝缘电阻应为 288 V×5000 Ω/V＝1.44 MΩ，测量工具的测量电压至少要与检测部件的常规工作电压一样高。表 1－2－10 为电动汽车的高压线路检查步骤，务必按表中操作步骤对电动汽车的高压线路进行检查。

表 1－2－10　电动汽车的高压线路检查步骤

操 作 步 骤	操 作 说 明
（1）将测试仪探头插入 V 和 COM（公共）输入端子	
（2）将旋转开关旋至所需要的测试电压挡位	
（3）将探头与待测电路连接，测试仪会自动检测电路是否通电	如果电路中的电压超过 30 V（交流或直流），则在主显示位置显示电压超过 30 V 以上警告的同时，还会显示高压符号，在这种情况下，禁止测试。在继续操作之前，应先断开测试仪的连接并关闭电源
（4）按压测试按钮，此时将获得一个有效的绝缘电阻值读数	辅显示位置上显示被测电路上所施加的测试电压。主显示位置上显示高压符号并以 MΩ 或 GΩ 为单位显示电阻。显示屏的下端出现测试图标，直到释放测试按钮。当电阻超过最大显示量程时，测试仪显示"＞"符号以及当前量程的最大电阻
（5）继续将探头留在测试点上，然后释放测试按钮，被测电路即开始通过测试仪放电	被测电路即开始通过测试仪放电。主显示位置显示电阻读数，直到开始新的测试或者选择了不同功能或量程，或者检测到了 30 V 以上的电压

4）高压元件绝缘电阻的测量方法

绝缘测试只能在不通电的电路上进行。图 1－2－11 所示为在车上测试绝缘性能的示意图，黑表笔接车身，红表笔测量电气元件相应的端子。

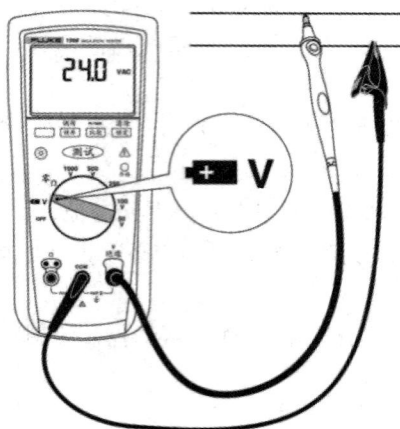

图 1-2-11　绝缘性能测试示意图

以某车型为例，表 1-2-11 为使用绝缘电阻测试仪检查相关电器元件的步骤及标准。使用绝缘电阻测试仪对绝缘性能进行评价，必须按照表中的指引进行操作。

表 1-2-11　绝缘电阻测试仪检查相关电器元件的步骤及标准

高压部件	检测项目	检测方法	标准值
动力电池	动力电池正负极与车身(外壳)绝缘电阻的检测	(1) 将低压蓄电池负极断开。 (2) 将绝缘电阻测试仪黑表笔接于车身，红表笔逐个测量动力电池正负极端子	动力电池正极绝缘电阻≥1.4 MΩ；负极绝缘电阻≥1.0 MΩ
车载充电机	车载充电机正负极绝缘电阻的检测	(1) 将低压蓄电池负极断开。 (2) 拔掉高压接线盒接插件。 (3) 将绝缘电阻测试仪黑表笔接于车身，红表笔逐个测量高压接线盒接插件的 B(正极)和 H(负极)	在环境温度为 21~25℃和相对湿度为 45%~75%时，车载充电机正负极输出与车身(外壳)之间的绝缘电阻≥1000 MΩ；在环境温度为 21~25℃和相对湿度为 90%~95%时，车载充电机正负极输出与车身(外壳)之间的绝缘电阻≥20 MΩ
DC/DC 变换器	DC/DC 绝缘电阻的检测	(1) 将低压蓄电池负极断开。 (2) 拔掉高压接线盒接插件。 (3) 将绝缘电阻测试仪黑表笔接于车身，红表笔逐个测量 A(正极)和 G(负极)	在环境温度为 21~25℃和相对湿度为 80%~90%时，高压输入与车身(外壳)之间的绝缘电阻≥1000 MΩ；在工作温度为 -20~65 ℃和工作湿度为 5%~85%环境下，高压输入与车身(外壳)之间的绝缘电阻≥20 MΩ

高压部件	检测项目	检测方法	标准值
空调压缩机	空调压缩机正负极绝缘电阻的检测	（1）将低压蓄电池负极断开。 （2）拔掉高压接线盒接插件。 （3）将绝缘电阻测试仪黑表笔接于车身，红表笔逐个测量 C（正极）和 F（负极）	向空调压缩机内充入(50±1)cm³ 的冷冻机油和 62～64 g 的 HFC-134a 制冷剂后，空调压缩机正负极对车身（外壳）的绝缘电阻 ≥5 MΩ。 清空空调压缩机内部的冷冻机油后，空调压缩机正负极对车身（外壳）的绝缘电阻≥50 MΩ
PTC(Positive Temperature Coefficient（正温度系数效应))加热电阻	PTC 正负极绝缘阻值的测量	（1）将低压蓄电池负极断开。 （2）拔掉高压接线盒接插件。 （3）将绝缘电阻测试仪黑表笔接于车身，红表笔逐个测量 D（正极）和 E（负极）	PTC 正负极与车身（外壳）之间的绝缘电阻≥500 MΩ
电机及其控制器	电机控制器、驱动电动机正负极输入绝缘阻值的测量	（1）将低压蓄电池负极断开。 （2）拔掉高压接线盒电机控制器输入接插件。 （3）将绝缘电阻测试仪黑表笔接于车身，红表笔逐个测量正负极端子	电机控制器正负极输入端子与车身（外壳）之间的绝缘电阻≥100 MΩ
高压接线盒	高压接线盒正负极绝缘阻值的测量	（1）将低压蓄电池负极断开。 （2）拔掉高压接线盒接插件，动力电池输入接插件，驱动电动机控制器输出接插件。 （3）将绝缘电阻测试仪黑表笔接于车身，红表笔逐个测量高压接线盒端（动力电池输入，驱动电机控制器输出）	高压接线盒端（动力电池输入，驱动电机控制器输出）与车身（外壳）之间的绝缘电阻值为无穷大

5）兆欧级电阻表的使用方法

兆欧级电阻表俗称摇表，由一个手摇发电机、表头和三个接线柱（L 为接线端，E 为搭铁端，G 为屏蔽端）组成。

测量前先估算电阻值，根据估算值选择适当的量程。

测量前需要检测兆欧级电阻表是否能够正常工作，此时需要做两个试验：

（1）断路试验：将兆欧级电阻表放置于平稳牢固的地方，将 L 接线柱和 E 接线柱分开，从慢到快摇发电机达到 120 r/min 的额定转速，观察指针是否指在刻度"∞"的位置，若是，则为正常。

（2）短路试验：将兆欧级电阻表放置于平稳牢固的地方，将 L 接线柱和 E 接线柱短接，从慢到快摇发电机达到 120 r/min 的额定转速，观察指针是否指在刻度"0"的位置，若是，则为正常，参见图 1-2-12。测量时必须正确接线，测量回路对地电阻时，L 接线柱与回路的裸露导体连接，E 接线柱连接接地线或金属外壳；测量回路的绝缘电阻时，回路的首端与尾端分别与 L、E 连接；测量电缆的绝缘电阻时，为防止电缆表面泄漏电流对测量精度产生影响，应将电缆的屏蔽层接至 G 接线柱。线路接好后，转动摇把，从慢到快摇发电机达到 120 r/min 的额定转速后，匀速转动，1 min 后读数，并且边摇边读数，禁止停下来读数。

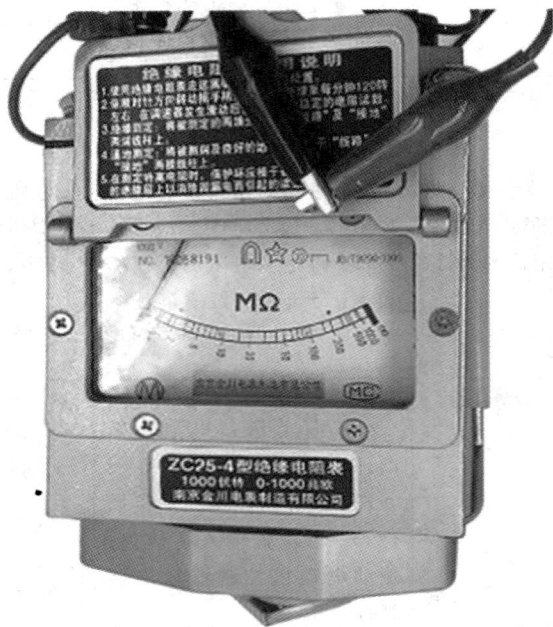

图 1-2-12 兆欧级电阻表短路试验

兆欧级电阻表测量完毕后，应立即使被测物放电。在兆欧级电阻表未停止转动和被测物未放电之前，禁止用手去触及被测物的测量部位或进行拆线，以防止触电。

温馨提示：

（1）测量前将被测物体断电，并进行放电，不允许带电测试，以确保检测人员人身安全。

（2）兆欧级电阻表的引线之间应当保持一定的距离，以确保数据的准确性。

（3）测量时，不能有人员与被测量物体接触。

（4）禁止在发生雷电时或者在高压设备旁测试绝缘电阻。

（5）被测物表面应擦拭干净，不得有污物（如漆等），以免造成测量数据不准确。

六、学习任务练习单

新能源汽车维护检测工具使用	学习任务练习单	班级：
		姓名：

1. 故障诊断仪是用于＿＿＿＿＿＿＿＿的便携式设备，用户可以利用它迅速读取＿＿＿＿＿＿＿＿中的故障，并通过液晶显示屏显示故障。

2. 故障诊断仪除具有故障码的读取和清除功能以外，还有＿＿＿＿＿＿＿＿读取、＿＿＿＿＿＿＿＿测试等功能。

3. 高压用电设备和高压线路老化或者受潮湿环境的影响等会导致＿＿＿＿＿＿＿＿和＿＿＿＿＿＿＿＿之间的绝缘性能下降，负极引线通过绝缘层和底盘构成＿＿＿＿＿＿＿＿，使底盘＿＿＿＿＿＿＿＿危及乘客的人身安全。

4. 高性能数字绝缘测试仪，是一种＿＿＿＿＿＿＿＿的绝缘测试仪，在进行绝缘测试时仪表利用内部升压电路将电池低压电升压为＿＿＿＿＿＿＿＿，在测试绝缘电阻时，测试人员不得直接解除＿＿＿＿＿＿＿＿，同时身体其他部位也不得与被测对象接触。

5. 数字电流钳可以在不断电的情况下测量电气线路的＿＿＿＿＿＿＿＿，专用于检测＿＿＿＿＿＿＿＿，由于工作部位呈钳状，故称数字电流钳。

6. 数字电流钳工作部分主要由一只＿＿＿＿＿＿＿＿和穿心式＿＿＿＿＿＿＿＿组成。

7. 示波器可以将看不见的＿＿＿＿＿＿＿＿转变为看得见的＿＿＿＿＿＿＿＿，检测人员可以通过观察波形的＿＿＿＿＿＿＿＿、＿＿＿＿＿＿＿＿、＿＿＿＿＿＿＿＿、＿＿＿＿＿＿＿＿等要素判断电路的状态。

8. 简述高性能数字绝缘测试仪的使用方法：

＿＿

＿＿

＿＿

任务 1.3 高压用电作业安全规范

一、任务目标

1. 知识目标

（1）认识新能源汽车的高压部件。

（2）掌握新能源汽车高压部件的安全操作。

（3）了解什么是新能源汽车高压部件。

（4）了解新能源汽车的高压安全设计。

2. 技能目标

（1）在实训台上认识新能源汽车高压部件。

（2）做高压防护时能正确安全地操作。

（3）认识新能源汽车上的高压安全设计。

（4）会利用互联网检索新能源高压防护的相关知识。

3. 素养目标

（1）能够在工作过程中与小组其他成员合作、交流，养成团队合作意识，锻炼沟通能力。

（2）养成 7S 工作习惯，遵循企业文化。

（3）弘扬工匠精神，宣扬社会主义核心价值观，培养学生奋发图强的爱国主义精神。

（4）强化节约与环保意识。

二、任务定位

任务定位见表 1-3-1。

表 1-3-1 任 务 定 位

【新能源汽车维护与保养】强化项目表																			
	工作	一				二				三				四					
	职业功能	新能源汽车安全防护				充电系统检查保养				驱动电机系统检查保养				动力电池及管理系统检查保养					
	任务分解要项	1	2	3	4	5	6	7	8	9	10	11	12	13	14	15	16		
培训项目	资料数据参数	仪器量具使用	拆装量具调试	用电安全防护与安全生产	维修检测设备安全使用	高压用电作业安全规范	举升设备使用维护保养	充电桩安装与供电规范	车载充电机检查保养	车辆充电接口检查保养	车载充电系统检查保养	驱动电机系统检查保养	驱动电机控制系统检查保养	驱动电机冷却系统检查保养	减速传动机构检查保养	动力电池系统检查保养	动力电池绝缘系统检查保养	电池模组及管理器检查保养	动力电池热管理系统检查保养
	技能知识	4				4				4				4					
	单组时间	3	3	3	3	3	3	3	3	3	3	3	3	3	3	3	3		

三、设备与工具清单

设备与工具清单见表1-3-2。

表1-3-2　设备与工具清单

任　务	作　业　项　目	设备与工具清单
高压用电作业安全规范	1. 新能源汽车维护高压下电 2. 新能源汽车高压部件认识 3. 认识高压安全设计	1. 新能源汽车整车、举升机 2. 维修工具、工具箱、零件盒 3. 绝缘电阻表、故障诊断仪 4. 数字万用表、数字电流钳、示波器 5. 电脑、维修手册

四、作业项目

（一）新能源汽车维护高压下电

1. 工作情境描述

纯电动汽车保养比传统汽车相对简单，但仍需做定期检查与维护，排除安全及故障隐患，确保纯电动汽车工作在良好的状态下。检查与维护前，需要对高压下电，这样才能更安全地进行高压部件操作，确保其工作可靠。你知道如何制订电动汽车高压系统的下电计划，如何进行电动汽车高压系统下电吗？

2. 作业设备工具

新能源汽车整车、举升机、维修工具、工具箱、零件盒、绝缘电阻表、故障诊断仪、数字万用表、数字电流钳、示波器、电脑、维修手册等。

3. 作业准备

高压维修工位、新能源汽车整车、高压防护用具的准备。

4. 作业步骤

（1）断开维修开关的下电步骤。
断开维修开关的下电步骤见表1-3-3。

表 1 - 3 - 3　断开维修开关的下电步骤

操作示意图	操作步骤
	打开前机舱盖，断开电池负极导线连接 拆卸后排座椅坐垫，掀开地毯，即可看见维修开关盖板
	使用螺钉旋具拆卸盖板固定螺栓，取出盖板
	佩戴绝缘手套，使用工具翘起维修开关的锁止按钮
	向上扳起维修开关的黑色把手，使之呈 90°
	向上垂直拔出维修开关，将维修开关存放在其他人无法轻易接触的地方，将维修开关安装位置使用绝缘材料覆盖。 　拔出维修开关后，须等待 5 min 以上才能进行高压部件的操作

（2）长安深蓝 SL03 的下电步骤。

长安深蓝 SL03 的下电步骤见表 1 - 3 - 4。

表 1 - 3 - 4 长安深蓝 SL03 的下电步骤

操 作 示 意 图	操 作 步 骤
	车辆处于 P 挡时，中控屏显示"车辆设置""安全与维护""一键下电"，按下"一键下电"，车辆将会下电
	断开低压蓄电池负极线，用绝缘布包好负极电缆接头

（3）按 7S 标准进行场地整理。

安全小知识：
新能源汽车高压下电以后需等待 5 min 以上才能触碰高压部件。

5. 任务工作单

1）制订计划

根据电动汽车高压系统下电任务要求，制订电动汽车高压系统的下电计划，见表 1 - 3 - 5。

表 1 - 3 - 5 电动汽车高压系统的下电计划

电动汽车高压系统下电计划		
序 号	作 业 项 目	操 作 要 点
计划审核	审核意见： 年　　月　　日　签字：	

2）小组分工

根据任务计划完成小组分工，见表 1-3-6。

表 1-3-6　小 组 分 工

主要操作人员		记录人员	
协助操作人员		审核人员	
仪器设备、工具、耗材			
序号	名　称	数量	是否清点
1			是□　否□
2			是□　否□
3			是□　否□
4			是□　否□
5			是□　否□
6			是□　否□
7			是□　否□
8			是□　否□
9			是□　否□
10			是□　否□

6. 作业任务总结

_____

_____

_____

_____

_____

_____

7. 作业评分表

新能源汽车维护高压下电作业评分见表 1-3-7。

表 1-3-7　新能源汽车维护高压下电作业评分表

项目	评 分 标 准	分值	得分
任务导入	明确工作任务，理解任务在工作中的重要程度	5	
知识要点	能在整车上找到维修开关	5	
	规范操作高压部件下电	15	
任务计划	按照纯电动汽车保养维护要求制订纯电动汽车高压部件认知计划	10	
	能协同小组人员安排任务分工	5	
	能在实施前准备好所需要的工具器材	5	
任务实施	找到长安深蓝 SL03 低压蓄电池的位置	2	
	找到长安深蓝 SL03 中控屏位置	2	
	找到长安深蓝 SL03 中控屏车辆设置	2	
	规范操作长安深蓝 SL03 中控屏中的车辆设置—安全维护菜单	10	
	规范操作长安深蓝 SL03 高压系统中控屏下电	10	
	规范操作长安深蓝 SL03 低压蓄电池负极断电下电	10	
	清点工具，打扫场地	5	
任务检查	任务完成，操作过程规范	10	
任务评价	能对自身表现情况进行客观评价	2	
	能在任务实施过程中发现自身问题	2	
得分（满分100）			

（二）认识新能源汽车高压部件

1. 工作情境描述

在对纯电动汽车保养检查与维护前，需要详细了解高压部件，尤其是动力电池、车载充电机、高压分配盒、电机控制器等高压部件，这样才能更安全地进行高压部件操作，确保其工作可靠。你知道如何制订纯电动汽车高压部件认知计划吗？

2. 作业设备工具

高压维修工位、实训车辆、高压防护用具、电脑、维修手册。

3. 作业准备

检查举升机、车辆在工位停放是否周正，铺好车内和车外护套。

4. 作业步骤

（1）认识并在实训车辆上找到高压部件。

车辆高压部件名称及外观图标见表 1-3-8。

表 1-3-8 车辆高压部件名称及外观图标

图　　示	设 备 名 称	
	填写标号部件名称	
	1—驱动电机控制器	2—高压配电箱
	3—DC/DC 变换器	4—车载充电机
	电机控制器：它是负责控制电机按照设定的方向、速度、角度、响应时间进行工作的集成电路，将动力电池供给的直流电能逆变成三相交流电，给汽车驱动电机提供电源，以实现启动、运行、进退、爬坡等行驶状态，或者帮助电动车辆制动，并将部分制动能量存储到动力电池中	
	1—低压通信端	2—直流输出端
	3—交流输出端	
高压配电箱内部结构		高压附件插件接口
		动力电池插件接口
		电机控制器插件接口
		快充插件接口
		低压控制端插件接口

图　　　示	设　备　名　称	
	DC/DC 变换器	
	1—低压输出负极	2—低压输出正极
	3—低压控制端	4—高压输入端
	车载充电机	
	驱动电机	
	能量供给	电能转换为机械能
	能量回收	机械能转换为电能
	高压警示标识	
	电机控制器高压线束	

图　示	设 备 名 称
	高压附件线束
	动力电池：负责接收和储存由车载充电机、发电机、制动能量回收装置或外置充电装置提供的高压直流电，并为电动汽车提供高压直流电

（2）按 7S 标准进行场地整理。

5. 任务工作单

1）制订计划

根据纯电动汽车高压部件认知任务要求，制订纯电动汽车高压部件认知计划，见表 1-3-9。

表 1-3-9　纯电动汽车高压部件认知计划表

纯电动汽车高压部件认知计划		
序　号	作 业 项 目	操 作 要 点
计划审核	审核意见： 　　　　　　　　　　年　　月　　日　签字：	

2）小组分工

根据任务计划完成小组分工，见表 1-3-10。

表 1-3-10　小组分工表

主要操作人员		记录人员	
协助操作人员		审核人员	
仪器设备、工具、材料			
序号	名　　称	数量	是否清点
1			是□　否□
2			是□　否□
3			是□　否□
4			是□　否□
5			是□　否□
6			是□　否□
7			是□　否□
8			是□　否□
9			是□　否□
10			是□　否□

6. 作业任务总结

_____

_____

_____

_____

_____

_____

_____

_____

_____

_____

7．评分表

认识新能源汽车高压部件作业评分表见表 1-3-11。

表 1-3-11　认识新能源汽车高压部件作业评分表

项　目	评分标准	分值	得分
任务导入	明确工作任务，理解任务在工作中的重要程度	5	
知识要点	在整车上认识高压部件	10	
	了解各高压部件的功用	10	
任务计划	按照纯电动汽车保养维护要求制订纯电动汽车高压部件认知计划	10	
	能协同小组人员安排任务分工	5	
	能在实施前准备好所需要的工具器材	5	
任务实施	认知电机控制器的功用和安装位置	6	
	认知高压配电盒的功用和安装位置	6	
	认知 DC/DC 转换器的功用和安装位置	6	
	认知车载充电机的功用和安装位置	6	
	认知动力电池的功用和安装位置	6	
	认知驱动电机的功用和安装位置	6	
	清点工具，打扫场地	5	
任务检查	任务完成，操作过程规范	10	
任务评价	能对自身表现情况进行客观评价	2	
	能在任务实施过程中发现自身问题	2	
得分（满分100）			

（三）认识高压安全设计

1．工作情境描述

汽车厂商为了进一步保障使用者和维修人员的生命安全，在车上设计了许多装置。这次的任务是学习高压安全设计，了解高压电和高压电对人体造成的伤害。你知道如何制订学习纯电动汽车高压安全设计计划吗？

2．作业设备工具

高压维修工位、实训车辆、高压防护用具、电脑、维修手册。

3．作业准备

检查举升机、车辆在工位是否停放周正，铺好车内和车外护套。

4. 作业步骤

（1）认识高压安全设计原理。高压操作前，请对车辆进行高压系统下电，并穿戴好高压防护工具。高压系统下电操作示意图及步骤见表 1 - 3 - 12。

表 1 - 3 - 12　高压系统下电操作示意图及步骤

操 作 示 意 图	操 作 步 骤
	维修开关：取出维修开关，当断开维修开关时，动力电池的输出立即中断
	高压互锁： 功用一：结构互锁。当其中某个插接器被带电断开时，动力电池管理器便会检测到高压互锁回路存在断路，为保护人身安全，将立即进行报警并断开主高压回路电气连接，同时激活主动泄放回路放电 功用二：功能互锁。当车辆在进行充电或插上充电枪时，电动汽车的高压系统会限制整车不能通过自身驱动系统驱动，以防止可能发生线束拖拽安全事故
	熔断器： 保护其他元件不会因过热而烧坏，通过熔断器的断路达到断电、保护电路的目的
	开盖检测保护： 当某些重要产品的盖子在整车高压回路连通的情况下打开时，系统会立即进行报警，同时断开主高压回路电气连接并激活主动泄放回路放电

（2）按 7S 标准进行场地整理。

5. 任务工作单

1）制订计划

根据新能源汽车高压防护任务要求，制订学习纯电动汽车高压安全设计认知计划，见表 1-3-13。

表 1-3-13 学习纯电动汽车高压安全设计认知计划

学习纯电动汽车高压安全设计认知计划		
序　号	作 业 项 目	操 作 要 点
计划审核	审核意见： 　　　　　　　　　　　年　　月　　日 签字：	

2）小组分工

根据任务计划完成小组分工，见表 1-3-14。

表 1-3-14 小 组 分 工

主要操作人员		记录人员	
协助操作人员		审核人员	
仪器设备、工具、耗材			
序号	名　　称	数量	是否清点
1			是□　否□
2			是□　否□

序号	名　称	数量	是否清点
3			是□　否□
4			是□　否□
5			是□　否□
6			是□　否□
7			是□　否□
8			是□　否□
9			是□　否□
10			是□　否□

6. 作业任务总结

_____

_____

_____

_____

_____

_____

_____

_____

7. 评分表

新能源汽车高压防护作业评分表见表 1 - 3 - 15。

表 1-3-15　新能源汽车高压防护作业评分表

项　目	评 分 标 准	分值	得分
任务导入	明确工作任务，理解任务在工作中的重要程度	5	
知识要点	了解高压电	5	
	了解新能源汽车高压电有什么不同	5	
	了解高压安全设计和简单检测	12	
任务计划	制订纯电动汽车高压安全设计认知计划	10	
	能协同小组人员安排任务分工	5	
	能在实施前准备好所需要的工具器材	5	
任务实施	正确完成高压系统下电	5	
	完成高压防护工具检查	5	
	能够了解高压互锁两种功能并进行简单的检测	5	
	能够了解高电压自放电的作用并进行简单的检测	8	
	能够了解绝缘监控电路的作用并进行简单的检测	8	
	清点工具，打扫场地	5	
任务检查	任务完成，操作过程规范	10	
任务评价	能对自身表现情况进行客观评价	3	
	能在任务实施过程中发现自身问题	4	
得分(满分 100)			

五、相关知识

1. 高压的定义

依据国家标准 GB/T 18384—2020《电动汽车安全要求》中人员触电防护要求，根据不同电压等级可能对人体产生的伤害和危险程度的不同，在电动汽车中，将电压按照类型和数值分为两个等级，见表 1-3-16。

表 1-3-16　电压的类型和数值

电压级别	最工作电压/V	
	DC(直流)	AC(交流)50~150 Hz
A	$0<U\leqslant60$	$0<U\leqslant30$
B	$60<U\leqslant1500$	$30<U\leqslant1000$

考虑到空气湿度的差异和人体在不同工作环境下的电阻差异，基于安全考虑将车辆电压分为以下安全级别，即：

A 级：较为安全的电压等级。直流电低于或等于 60 V；交流电（50～150 Hz）低于 30 V，在此电压范围内的维护人员不需要采取特殊的保护措施；

B 级：对人体会产生伤害，被认为是高压，在该电压下必须采取必要的防护设备对维护人员进行保护。

2．新能源汽车高压系统的特点

在电动汽车中，低压通常指的是电源系统电气线路上的 12 V 电压，而高压主要指的是动力电池及相关线路的电压。电动汽车的高压具有如下特点：

（1）高压系统的电压一般都设计在 200 V 以上。例如，大多数的电动汽车或混合动力汽车的动力电池电压都在 280 V 左右。

（2）高压存在的形式既有直流，也有交流，包括动力电池的直流，也有充电时 220 V 的电网交流电，以及驱动电机工作时的三相交流电。

（3）高压系统对绝缘的要求更高，大多数传统汽车上设计的绝缘材料，当电压超过 200 V 时绝缘性能将不再满足要求，因此在电动汽车上的绝缘材料需要具有更高的绝缘性能。

（4）高压系统对正负极距离的要求。12 V 电压情况下，正负极之间的距离很近时才会有击穿空气的可能，但是当电压达到 200 V 以上时，正负极之间在相对较大的距离时就会击穿空气而导电，也就是我们常说的电弧。

为防止意外触及高压系统，电动汽车对高压部件均采用特殊的标识或颜色，对维修人员或车主给予警示。电动汽车通常采用两种形式进行高电压的标识警示，包括高压警示标识和导线警示颜色。

3．电流对人的伤害

电流对人体主要会造成电击和电伤两种伤害。

（1）电击伤害：当人体接触带电体时，电流经过人体对内脏造成的伤害，如心脏颤动。电击是最危险的触电伤害。

（2）电伤：电流对人体表面的局部创伤，可分为电灼伤、电烙印和皮肤金属化。电灼伤是指电流热效应造成的伤害，最严重的电灼伤是电弧对人体的直接烧伤；电烙印是电流化学效应和机械效应产生的电伤，它发生在人体与带电体有良好接触，但人体不被电击的情况下，在皮肤表面留下和接触带电体形状相似的肿块瘢痕，一般不发炎或化脓，瘢痕处皮肤失去原有弹性、色泽，表皮坏死，失去知觉；皮肤金属化是由于高温电弧使周围金属熔化、蒸发并飞溅渗透到皮肤表层所形成，皮肤金属化后，表面粗糙、坚硬。

此外，发生触电事故时，常常伴随高空跌落，或由于其他原因所造成的纯机械性创伤，这虽与触电有关，但不属于电流对人体的直接伤害。

4．高压安全设计原理

1）维修开关设计

为了确保维修人员在对电动汽车进行操作时没有触电危险，大多数车辆在系统上设计了维修开关。当断开维修开关时，动力电池的输出立即中断，图 1 - 3 - 1 所示。在断开动力电池输出后，需要等待至少 5 min 才能接触高压部件。

图 1-3-1　维修开关

2）碰撞保护

当车辆发生碰撞时，动力电池管理器如果检测到碰撞信号大于一定阈值，会切断高压系统主回路的电气连接，同时通知电机控制器激活主动泄放回路放电，从而可使发生碰撞时的短路危险、人员电击危险降低到最低。

3）高压互锁

结构互锁：电动汽车的高压系统中，当其中某个插接器被带电断开时，动力电池管理器便会检测到高压互锁回路存在断路，如图 1-3-2 所示，为保护人员安全，将立即进行报警并断开主高压回路电气连接，同时激活主动泄放回路放电。

功能互锁：当车辆在进行充电或插上充电枪时，电动汽车的高压电控系统会限制整车不能通过自身驱动系统驱动，以防止可能发生的线束拖拽或安全事故。

图 1-3-2　高压互锁回路断路

4）高电压自放电

电机控制器中含有主动泄放回路，当检测到车辆发生较大碰撞，或高压回路中某处插接器出现拔开状态，或含有高压的高压电控产品存在开盖情况时，主动放电回路会在 5 s 内把预充电容电压降低到小于等于 60 V，迅速释放危险电能，最大限度保证人员安全。

在高压电路内设计有主动泄放回路的同时，电机控制器、空调驱动控制器等内部含有高压的高压电控部件同时设计有被动泄放回路，可在 2 min 内把预充电容电压降低到小于等于 60 V。被动泄放可作为在主动泄放失效情况下的二重保护。

5）短路保护电路

短路保护通常使用熔断器对电路进行保护，如图 1-3-3 所示。与传统汽车相比，电动汽车涉及高压电，熔断器的规格相对更高，如 80 A、100 A 等。熔断器主要是为了保护其他元件不会因过热而烧坏，通过熔断器的断路达到断电、保护电路的目的。

图 1-3-3　熔断器

6）绝缘监控电路

为保证人员免遭触电风险，高压系统应当设置电路对绝缘电阻进行监控，当发现绝缘电阻的电阻值过小时，整车电路应当发出接触器断开指令。

7）漏电保护

很多电动汽车具有内部控制漏电保护功能，当出现漏电时，高压控制总成或高压配电箱中相应传感器将信号反馈给动力电池管理系统，动力电池管理系统可立即做出反应，进行动力电池母线自动断电、高压释放（高压释放是指高压的电控产品存在异常问题时，在几秒内将高压降到一定电压以下），以保证人身安全。

8）开盖检测保护

部分电动汽车的重要高压电控部件具有开盖检测保护功能，当某些重要产品的盖子在整车高压回路连通的情况下被打开时，系统会立即进行报警，同时断开高压主回路电气连接，并激活主动泄放回路放电，如图 1-3-4 所示。

图 1-3-4　开盖检测保护

5. 认识新能源汽车的高压部件

1）高压警示标示

纯电动汽车的高电压组件壳体上都带有一个标记，售后服务人员或车主均可通过标记直观看出高电压可能带来的危险。所用警示牌基于国际标准危险电压警示标志，如图1-3-5所示。高压警示标识采用黄色底色或红色底色，图形上布置有高压触电国家标准符号。

新能源汽车基础电路以及
电子元器件的认知

图 1-3-5　高压警示标识

2）高压警示颜色

由于高压导线可能有几米长，因此在一处或两处通过警示牌标记意义不大，因为售后服务人员可能会忽视这些标牌。目前，车企用橙色警示色标记出所有高压导线，高压导线的某些插接器以及高压安全插接器也采用橙色设计，如图1-3-6所示。

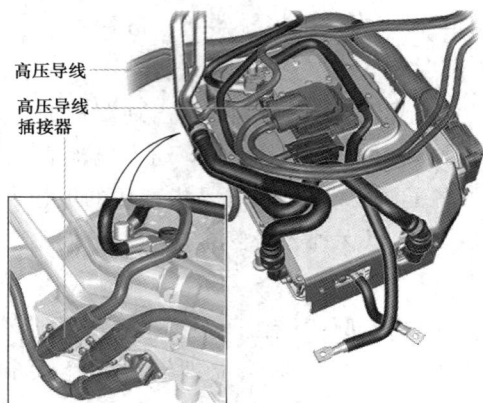

高压导线

高压导线
插接器

图 1-3-6　高压警示颜色（橙色）

3）新能源纯电动汽车高压部件位置

新能源纯电动汽车与混合动力汽车都设计有高压电部分。纯电动汽车高压部件主要分布在车辆底部和前舱，主要包括电机控制器、高压配电箱、车载充电机、高压导线、充电口、动力电池、驱动电机及减速器等，如图 1-3-7 所示。

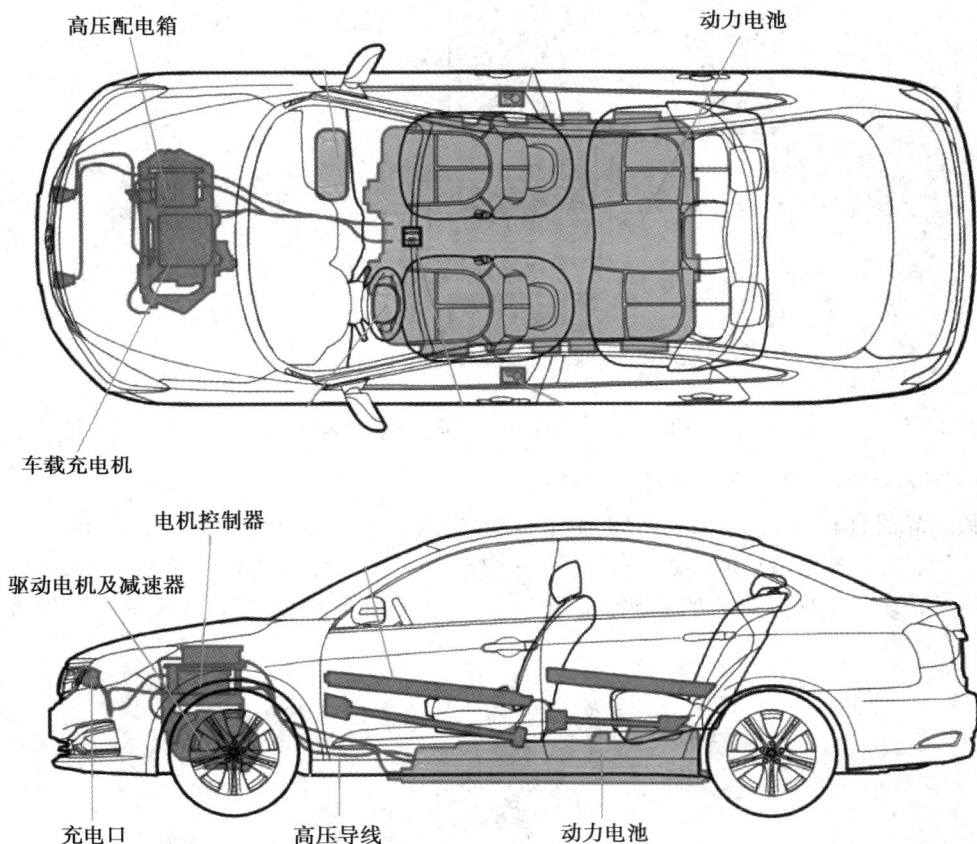

图 1-3-7　新能源纯电动汽车高压部件

高压配电系统将动力电池的高压电分配给电机控制器、驱动电机、电动压缩机、PTC加热器、DC/DC 变换器等高压用电设备，同时将交流或直流充电口导入的高压充电电流分配给动力电池，以便为动力电池充电。动力电池管理系统（Battery Management System，BMS）也称动力电池控制器，是动力电池管理和保护的核心部件。它的作用是保证动力电池使用安全可靠，控制动力电池组的充放电，并向整车控制单元（Vehicle control unit，VCU）上报动力电池系统的基本参数及故障信息。

电机控制器是控制动力电池和驱动电机之间能量传输的装置，其主要功能包括车辆的怠速控制、车辆前进（控制电机正转）、车辆倒车（控制电机反转）、DC/AC 变换等。典型的电机控制系统框图如图 1-3-8 所示。

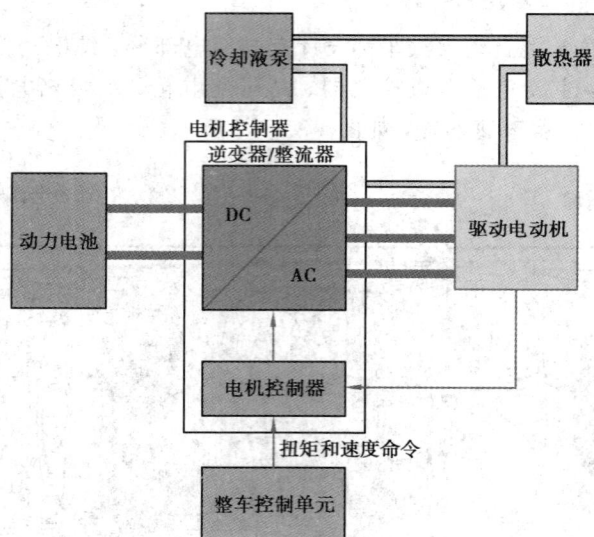

图 1-3-8　典型的电机控制系统框图

4）新能源混合动力汽车的高压部件

新能源混合动力汽车的高压部件包括动力电池、放电高压电缆总成、高压附件导线、驱动电机、车载充电机（插电式，图 1-3-9 中车型未装配）、动力控制单元和 DC/DC 变换器等，主要分布在汽车的前舱和底盘。图 1-3-9 为新能源混合动力汽车高压部件分布位置。

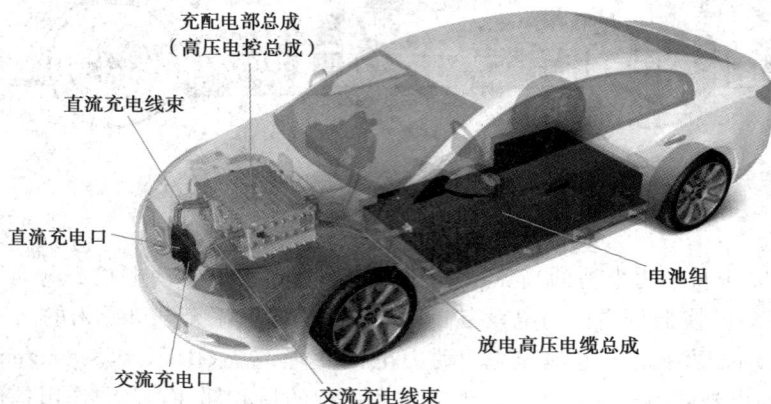

图 1-3-9　新能源混合动力汽车高压部件分布位置

6. 高压部件安全操作

电动车包含一组密闭的高电压锂离子动力电池。如果动力电池不适当地暴露在外，会存在剧烈燃烧和触电的危险，可能导致严重人身伤害及环境污染。

高压电作业安全规范

任何情况下，禁止任何人员在车辆未完全断电的情况下对车辆进行维修，并禁止裸手触碰高压部件。

严禁私自拆卸车内高压电气部件，私自拔下、断开车上高压接插件和线缆，否则可能造成严重的电击伤害和车辆损坏。

检修高压系统时，需要断开启动开关电源、维修开关。

检修高压导线时，对拆下的任何裸露出的高压部位，应立即用绝缘胶带包扎绝缘。

安装高压导线时，必须按照车身固定孔位要求将线束固定好。

禁止触摸高压线束插接器里的带电部位，以免触电。另外，应防止有细小的金属工具或铁条等物体接触到插接器中的带电部位。

禁止拉扯或缠绕充电线束，避免充电线束受到挤压，避免充电插头遭受碰撞。

7. 基于北汽 EV200 的高压系统断电(维修开关断开)

北汽 EV200 维修开关安装在后排座椅前方的地板上，操作时需要拆卸后排座椅座垫，并掀开地毯。

高压系统断电操作步骤：

(1) 打开前机舱，断开动力电池负极导线连接。

(2) 拆卸后排座椅座垫，掀开地毯，维修开关盖板如图 1-3-10 所示。使用螺钉旋具拆卸盖板的四颗紧固螺钉，取出盖板，维修开关如图 1-3-11 所示。

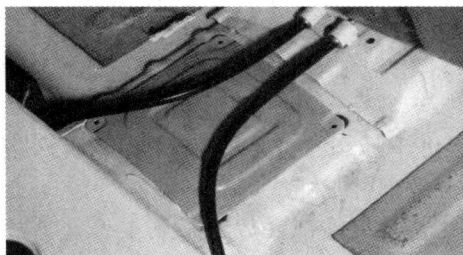

图 1-3-10　维修开关盖板　　　　　　　　图 1-3-11　维修开关

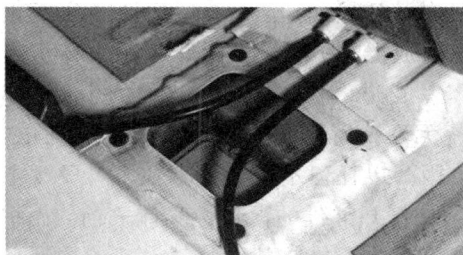

(3) 佩戴绝缘手套，使用工具翘起维修开关锁止按钮，如图 1-3-12 所示。向上扳起维修开关的黑色把手使其呈 90°，如图 1-3-13 所示。

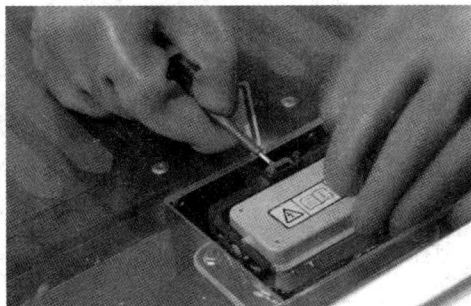

图 1-3-12　翘起维修开关锁止按钮　　　　图 1-3-13　向上扳起维修开关黑色把手

(4) 如图 1-3-14 所示，向上垂直拔出维修开关，将维修开关存放在其他人无法轻易接触的地方。将维修开关安装位置使用绝缘材料覆盖。拔出维修开关后，须等待 5 min 以上

才能进行高压部件的操作。

图 1-3-14　拔出维修开关

8. 新能源汽车维护操作规范

1）基本规范

维护保养时，固定或脱掉宽松衣物，摘除戒指、手表之类的饰物（因为金属饰物接触带电零部件会导致触电或者烧伤），并佩戴防护眼镜。

禁止随意拆卸、移动、更换高压部件、线束及接插件，否则可能会导致严重烧伤或触电，造成严重人员伤亡。

禁止进入仅靠千斤顶支撑的车下。如果需要进入车下操作，必须使用安全支架。

无论因何种原因举升或支撑驱动电机时，禁止将千斤顶支撑在任何钣金件或管路下方，因为以任何不正确的方式举升驱动电机都可能导致部件损坏或人身伤害。

在打开部件的保护性壳体之前，先将其搭铁，禁止将固态部件放在金属工作台上或者电视机、收音机及其他电气设备的顶部。

2）仪器设备检测规范

切勿将测试设备的探针（数字式万用表等）插入线束插接器或熔丝盒端子中，因为测试探针的直径较大，会使大多数端子变形，端子变形后会接触不良，从而导致系统故障。务必使用专用工具，从前部探测端子，切勿用回形针或其他替代物去检测端子。

3）维护操作人员规范要求

维护人员操作高压系统前必须穿戴好绝缘防护用品：

（1）穿好绝缘防护服，穿好绝缘鞋，戴好防护眼镜。

（2）戴好绝缘手套，根据工作情况选择相应的防高压电工手套或耐电池电解液的耐酸碱性手套。

（3）绝缘工具使用前必须检查，保证其无破损、破洞和裂纹，内外表面清洁、干燥，禁止带水进行操作，以确保安全。

（4）高压系统下电（断开直流母线或断开手动维修开关），需要等待 5 min 以上，以便让电机控制器、充电机等内部有电容元件的部件充分放电。

（5）在车辆上电前，注意确认是否有人员在进行高压维修操作，避免发生危险。

4）高压系统检查规范要求

（1）检修高压系统时，断开启动开关电源，脱开动力电池负极电缆并断开直流母线，由专职监护人员保管，并确保在维修过程中不会有人将其重新安装。

（2）检修高压线时，对拆下的任何裸露出的高压部位，应立刻用绝缘胶带包扎绝缘。

（3）安装高压线时，必须按照车身固定孔位要求将线束固定好。

（4）禁止用手指触摸高压线束插接器里的带电部分以免触电，另外应防止有细小的金属工具或铁条等物体接触到插接器中的带电部分。

5）动力电池检修规范

（1）在检修动力电池时，为了防止电解液泄漏造成人员伤害，维修人员必须佩戴耐酸碱性手套和防护眼镜，以防止电解液腐蚀皮肤和溅入眼中。

（2）断开直流母线只是切断了从动力电池到高压用电设备的电源，动力电池仍然有电。

（3）当需要检修动力电池时，应使用绝缘胶带包好裸露出的高压部件，以避免触电。

（4）搬运动力电池至动力电池维修专业工作台时，应用动力电池专用吊架，严禁直接用手抬动力电池。

六、学习任务练习单

高压作业安全规范	学习任务练习单	班级：
		姓名：

1. 依据国家标准《电动汽车安全要求》（GB/T 18384—2020）中人员触电防护要求，直流 A 级电压为_____V，直流 B 级_____V，50～150 Hz 交流 A 级为_____V，50～150 Hz 交流 B 级为_____V。

2. 在电动汽车中，低压通常指的就是_____的电气线路，而高压主要指的是_____的电压。高压系统的电压一般都设计在_____。

3. 电流对人体主要会造成_____和_____两种伤害。

4. 高压安全设计原理有_____、_____、_____、_____、_____、_____和_____。

5. 新能源汽车的高压和我们日常生活中的高压是一样的。　　　　　　　　（　）

6. 电动汽车高压系统的电压一般都设计在 200 V 以上。　　　　　　　　（　）

7. 电动汽车高压存在的形式既有直流，也有交流。这包括动力电池的直流，也有充电时 220 V 电网交流电，以及电动机工作时的三相交流电。　　　　　　　　（　）

8. 在断开动力电池输出后，只需要等 1 min 就能接触高压部件。　　　　　（　）

9. 简述电击伤对人体带来的伤害。

任务 1.4　举升设备使用维护保养

一、任务目标

1. 知识目标

（1）了解新能源举升机的类型。

（2）掌握新能源举升机的使用方法。

（3）掌握举升机的安全操作注意事项。

2. 技能目标

（1）能够正确使用剪式举升机。

（2）能够正确使用两柱式举升机。

（3）能利用互联网资料检索新能源汽车维护与保养方面的发展动态。

3. 素养目标

（1）能够在工作过程中与小组其他成员合作、交流，养成团队合作意识，锻炼沟通能力。

（2）养成 7S 工作习惯，遵循企业文化。

（3）弘扬工匠精神，宣扬社会主义核心价值观，培养学生奋发图强的爱国主义精神。

（4）强化节约与环保意识。

二、任务定位

任务定位见表 1-4-1。

表 1-4-1　任 务 定 位

【新能源汽车维护与保养】强化项目表

工作	一							二				三				四			
职业功能	新能源汽车安全防护							充电系统检查保养				驱动电机系统检查保养				动力电池及管理系统检查保养			
任务分解要项				1	2	3	4	5	6	7	8	9	10	11	12	13	14	15	16
培训项目	资料数据参数	仪器量具使用	拆装量具调试	用电安全防护与安全生产	维修检测设备安全使用	高压用电作业安全规范	举升设备使用维护保养	充电桩安装与供电规范	车载充电机检查保养	车辆充电接口检查保养	车载充电系统检查保养	驱动电机系统检查保养	驱动电机控制检查保养	驱动电机冷却系统检查保养	减速传动机构检查保养	动力电池系统检查保养	动力电池绝缘系统检查保养	电池模组及管理器检查保养	动力电池热管理系统检查保养
技能知识				4				4				4				4			
单组时间				3	3	3	3	3	3	3	3	3	3	3	3	3	3	3	

三、设备与工具清单

设备与工具清单见表 1-4-2。

表 1-4-2 设备与工具清单

任　务	作 业 项 目	设备与工具清单
举升设备使用维护保养	1. 剪式举升机的使用 2. 两柱式举升机的使用	1. 高压维修工位 2. 剪式举升机、两柱式举升机 3. 实训车、车轮挡块 4. 新能源维修工具 5. 电脑、维修手册

四、作业项目

（一）剪式举升机的使用

1. 工作情境描述

一辆长安汽车需要进行底盘检查项目，现在需要把车辆举升起来检查，你知道如何操作剪式举升机吗？

2. 作业设备工具

高压维修工位、剪式举升机、实训车、车轮挡块、高压防护用具。

3. 作业准备

检查高压维修工位、剪式举升机、实训车、车轮挡块、高压防护用具是否正常。

4. 作业步骤

（1）剪式举升机的操作步骤见表 1-4-3。

表 1-4-3 剪式举升机的操作步骤

操作示意图	操作步骤	是否完成
	检查安全隔离警示是否设置	是☐　否☐
	检查维修工位是否干净整洁通风	是☐　否☐
	检查周边是否有易燃品和无关的金属物品	是☐　否☐
	检查维修工位上是否配有防护用品	是☐　否☐
	检查维修工位上是否垫好了绝缘垫	是☐　否☐
	检查工位旁边是否有其他无关人员	是☐　否☐

操作示意图	操作步骤	是否完成
	打开举升机电源	是☐ 否☐
	打开空气压缩机电源	是☐ 否☐
	清理举升机周围杂物	是☐ 否☐
	操作举升机开关按钮，检查举升机的工作情况，正常后落回原点	是☐ 否☐
	将车辆开到举升机上，使左右车轮位于两个平台的中间位置	是☐ 否☐

操作示意图	操作步骤	是否完成
	安装左右后车轮挡块	是□　否□
	安装左右侧举升机垫块，正确设置支撑位置，不要放在车辆塑料护板处，以防损坏车辆护板	是□　否□
	操作举升机，按下举升机上升按钮，举升车辆，当车轮离开地面约 20 cm 时松开按钮，检查车辆相对于举升机是否出现前后偏重的现象，若有偏重现象，则重新支撑车辆	是□　否□
	按下举升机举升按钮，举升车辆，举升到作业合适位置后，停止举升，然后落锁	是□　否□
	作业完成后，下降车辆，直到举升机完全落下	是□　否□
	取下两侧车轮挡块和举升垫块，将车辆开出举升机	是□　否□

（2）按 7S 标准进行场地整理。

5．任务工作单

1）制订计划

根据剪式举升机的使用步骤要求，制订新能源汽车剪式举升机的使用作业计划，计划见表 1-4-4。

表 1-4-4　新能源汽车剪式举升机准备作业计划

序　号	作 业 项 目	操作要点
计划审核	审核意见： 　　　　　　　　　　年　　月　　日　签字：	

2）小组分工

根据任务计划完成小组分工，见表 1-4-5。

表 1-4-5　小 组 分 工

主要操作人员		记录人员	
协助操作人员		审核人员	
仪器设备、工具、材料			
序号	名　　称	数量	是否清点
1			是□　否□
2			是□　否□
3			是□　否□

序号	名　称	数量	是否清点
4			是□　否□
5			是□　否□
6			是□　否□
7			是□　否□
8			是□　否□
9			是□　否□
10			是□　否□

6. 作业任务总结

_____

_____

_____

_____

_____

_____

_____

_____

_____

7. 剪式举升机的使用作业评分表

剪式举升机的使用作业评分表见表 1 - 4 - 6。

表 1-4-6　剪式举升机的使用作业评分表

项　目	评 分 标 准	分值	得分
任务导入	明确工作任务，理解任务在工作中的重要程度	5	
知识要点	了解纯电动汽车维护高压场地、设备等要求	10	
	熟悉电动汽车高压作业个人防护用具及维修工具	10	
任务计划	按照场地准备要求制订剪式举升机的使用作业计划	10	
	能协同小组人员安排任务分工	5	
	能在实施前准备好所需要的工具器材	5	
任务实施	剪式举升机工位准备	5	
	打开举升机电源	2	
	检查举升机是否正常	6	
	是否安装挡块	2	
	是否举升到合适位置	8	
	是否落锁	8	
	下降时举升机是否完全落地	10	
任务检查	任务完成，操作过程规范	10	
任务评价	能对自身表现情况进行客观评价	2	
	能在任务实施过程中发现自身问题	2	
得分（满分100）			

（二）两柱式举升机的使用

1．工作情境描述

一辆长安汽车需要进行底盘项目检查，现在需要把车辆举升起来检查，你知道如何操作两柱式举升机吗？

举升机使用与维护

2．作业设备工具

高压维修工位、两柱式举升机、实训车、车轮挡块、高压防护用具。

3．作业准备

检查高压维修工位、两柱式举升机、实训车、车轮挡块、高压防护用具是否正常。

4．作业步骤

（1）两柱式举升机的使用。

两柱式举升机的操作步骤见表 1-4-7。

表 1 - 4 - 7　两柱式举升机的操作步骤

操作示意图	操作步骤	是否完成
	检查安全隔离警示是否设置	是□　否□
	检查维修工位是否干净整洁通风	是□　否□
	检查周边是否有易燃品和无关的金属物品	是□　否□
	检查维修工位上是否配有防护用品	是□　否□
	检查维修工位上是否垫好了绝缘垫	是□　否□
	检查工位旁边是否有其他无关人员	是□　否□
	打开举升机电源	是□　否□
	操作举升机开关按钮，检查举升机的工作情况，看其能否正常举升、降落	是□　否□
	将车辆开到举升机上，使左右车轮位于两个平台的中间位置	是□　否□

操作示意图	操作步骤	是否完成
	安装左右后车轮挡块操作举升机	是□ 否□
	调整左右支撑臂，正确设置支撑位置，不要放在车辆塑料护板处，以防损坏车辆护板	是□ 否□
	按下举升机上升按钮，举升车辆，当车轮离开地面约 20 cm 时停止按钮，检查车辆相对于举升机是否出现前后偏重的现象，若有偏重现象，则重新支撑车辆	是□ 否□
	按下举升机举升按钮，举升车辆，举升到作业合适位置后，停止举升，然后落锁	是□ 否□
	作业完成后，拉下左右保险	是□ 否□
	下降车辆，直到举升机完全落下，之后取下两侧车轮挡块和举升垫块，将车辆开出举升机	是□ 否□

（2）按 7S 标准进行场地整理。

> **安全小知识：**
> 举升时，维修人员应离开车辆，举升到需要高度时，必须挂上保险，并确保安全可靠后才可开始到车底作业。

5．任务工作单

1）制订计划

根据两柱式举升机的使用步骤及要求，制订新能源汽车两柱式举升机的使用作业计划，计划表见 1-4-8。

表 1-4-8　新能源汽车两柱式举升机使用作业计划

序　号	作 业 项 目	操 作 要 点
计划审核	审核意见： 　　　　　　　　　年　　月　　日　签字：	

2）小组分工

根据任务计划完成小组分工，见表 1-4-9。

表 1 - 4 - 9 小 组 分 工

主要操作人员		记录人员	
协助操作人员		审核人员	
仪器设备、工具、材料			
序号	名　称	数量	是否清点
1			是□ 否□
2			是□ 否□
3			是□ 否□
4			是□ 否□
5			是□ 否□
6			是□ 否□
7			是□ 否□
8			是□ 否□
9			是□ 否□
10			是□ 否□

6. 作业任务总结

_____

_____

_____

_____

_____

_____

_____

_____

7. 两柱式举升机的使用作业评分表

两柱式举升机的使用作业评分表见表 1 - 4 - 10。

表 1 - 4 - 10 两柱式举升机的使用作业评分表

项　目	评　分　标　准	分值	得分
任务导入	明确工作任务,理解任务在工作中的重要程度	5	
知识要点	了解纯电动汽车维护高压场地、设备等要求	10	
	熟悉电动汽车高压作业个人防护用具及维修工具	10	
任务计划	按照场地准备要求制订两柱式举升机的使用作业计划	10	
	能协同小组人员安排任务分工	5	
	能在实施前准备好所需要的工具器材	5	
任务实施	两柱式举升机工位准备	5	
	打开举升机电源	2	
	检查举升机是否正常	6	
	是否安装挡块	1	
	是否举升到合适位置	6	
	是否落锁	6	
	下降时是否解保险	10	
任务检查	任务完成,操作过程规范	10	
任务评价	能对自身表现情况进行客观评价	5	
	能在任务实施过程中发现自身问题	4	
得分(满分100)			

五、相关知识

1. 举升机的类型

目前,车辆维护作业中常用的举升机主要有三种类型:两柱式举升机,如图 1 - 4 - 1 所示;剪式举升机,如图 1 - 4 - 2 所示;四柱式举升机,如图 1 - 4 - 3 所示。

图 1 - 4 - 1 两柱式举升机

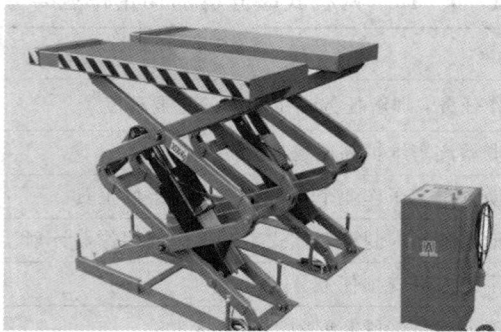

图 1-4-2　剪式举升机

图 1-4-3　四柱式举升机

2. 举升机的正确使用方法

1) 两柱式举升机的正确使用方法

（1）打开举升机电源。

（2）检查举升机周围是否有障碍物。

（3）检查举升机工作情况。

（4）将左、右侧两支撑臂张开。

（5）将车辆开进举升机两柱中间。

（6）安装左、右侧车轮挡块。

（7）放松驻车制动器，将变速杆置于空挡。

（8）安装左、右举升机胶垫，注意安装位置，落下举升臂保险锁。

（9）操作举升机上升按钮，将车辆举到距离地面 20 cm 的位置，检查车辆的平稳性，然后举升车辆至作业适合位置后停止举升，并下压下降手柄，使左、右举升臂挂在保险上。

（10）进行车辆相应的检查或维护作业。

（11）作业完成后，将车辆举升到一定位置，拉下左、右侧下降保险。

（12）操作举升机下降手柄，当举升机的举升胶垫脱离举升点的位置时，停止下降。

（13）拉紧驻车制动器。

（14）向上拉起举升保险锁，移开左、右支撑臂并复位。

（15）收起左、右车轮挡块并放好。

（16）关闭举升机的电源开关。

2）剪式举升机的正确使用方法

（1）打开举升机电源。

（2）打开空气压缩机电源并启动空气压缩机。

（3）检查举升机周围是否有障碍物。

（4）检查液压压力和气压压力，确保液压和气压值达到 3 MPa 以上。

（5）按下举升机举升和下降按钮，检查举升机的工作情况。

（6）将车辆行驶到举升机上，使左、右车轮位于举升机两个平台的中间位置。

（7）安装左、右后车轮挡块。

（8）安装左、右举升机胶垫，支撑位置要正确。

（9）按下举升按钮，举升车辆到车轮距离地面 15～20 cm 时停止举升，检查车辆的平稳性是否正常。

（10）按下举升按钮，举升车辆，举升到作业需要位置时，停车、落锁。

（11）进行相应的检查操作，如检查车底螺栓。

（12）待作业完成后，下降车辆。

（13）取下左、右侧车轮挡块和垫块并复位。

（14）将车辆开出举升机。

（15）关闭举升机和空气压缩机电源，清洁工具并复位，整理、恢复场地。

3. 举升机的安全操作注意事项

（1）使用前，应清除举升机附近妨碍作业的器具及杂物，并检查操作手柄是否正常。

（2）操作机构应灵敏有效，液压系统不允许有爬行、漏油现象。

（3）举升车辆时，举升臂的四个胶垫应在同一平面上，调整支角胶垫高度，使其接触车辆的举升支点。

（4）举升车辆时，车辆不可举升得过高，举升后四个托架要挂上保险。

（5）待举升车辆驶入后，应将举升机支撑块调整移动对正该车型规定的举升点。

（6）举升时，维修人员应离开车辆，举升到需要高度时，必须挂上保险，并确保安全可靠才可开始到车底作业。

（7）除底保及小修项目外，其他烦琐笨重作业，不得在举升器上操作修理。

（8）举升器不得频繁起落。

（9）支车时举升要稳，降落要慢。

（10）有人作业时严禁升降举升机。

（11）发现举升机操作机构不灵、电动机不同步、托架不平或液压系统漏油时，应及时报修。

（12）作业完毕应清除杂物，打扫举升机周围以保持场地整洁。

（13）定期（半年）排除举升机液压缸积水，并检查油量，若油量不足应及时加注相同牌号的液压油。同时，应检查、润滑举升机传动链条以及钢丝绳，使其能正常工作。

4. 举升机的维护

（1）两柱式举升机的维护要求（每月）：

- 检查并重新拧紧地脚螺钉。
- 用喷雾润滑剂润滑链条/缆索。
- 检查所有的链条、连接器、螺栓和销，确保可靠牢固。
- 目测检查所有的液压油管路可能出现的磨损情况。
- 检查立柱内侧的滑块运动是否正确润滑，及时补充高质量的重润滑油脂。所有的地脚螺钉都应该完全拧紧。如果有螺钉因故不起作用的话，举升机不应使用，直至重新更换螺钉后才能使用。

（2）剪式举升机的维护方法：

- 工作前，排除举升机周围的障碍物，尤其是下方的障碍物。
- 升降时，举升机规定区域以及平台上的车辆内不能有人。
- 不能举升超过本机举升能力范围的车辆或其他货物。
- 举升时，应在车辆底盘下方垫上胶垫。
- 升降过程中随时观察举升机平台是否同步，发现异常时应及时停机，检查并排除故障后方能投入使用。
- 下降操作时，先将举升平台上升一点，注意观察两保险爪与保险齿间是否完全脱开，否则停止下降。
- 机器长期不用或过夜时，平台应降到最低位置，并开走车辆，切断电源。

5. 工匠精神

在长安汽车股份有限公司汽车制造厂总装车间，有一位"传奇"人物，他就是张传华师傅，他凭借自己的努力多次获得汽车修理技能相关奖项，并享受国务院政府特殊津贴。

1994年6月，张传华进入长安汽车股份有限公司汽车制造厂总装车间，师从全国劳模、全国技术能手、长安汽车技能大师王邦本学习汽车调试工作。

"那时修车挺脏的，又没什么钱挣。因为没有升降台，还得钻到车底下去。自己这么一个高个子在狭小的空间里一待就是半天。"即使如此，张传华仍有自己的坚持——只要比别人付出得多，自己收获的自然就多。

随着汽车行业的高速发展，为了应对调试工作新的挑战，张传华阅读了大量汽车维修类书籍，内容涵盖钣金、发动机、电路等各个方面，记录的读书心得和工作笔记达10余万字。

"有问题，找张传华。"这是与张传华一起工作多年的同事常说的话。

"和车打交道二十多年，汽车电气设备就像是自己的孩子一样。"提起车辆维修，不太善言辞的张传华来了兴致。这几年，张传华组织参与了20多次技师创新攻关项目，为公司创造了上百万元的效益。

自己的钻研，能给企业节约大笔的费用，这让张传华十分自豪。

如今，张传华多看一眼车辆，听一下声音，就能发现有没有少零部件；感受下汽车尾气的温度和气味，就能基本清楚车辆运转是否正常；再听听发动机的响声，就能判断出车子有什么问题……

　　工匠不仅仅只是一种技艺，更是一种品德、一种精神。在汽车行业，也十分需要这种品德、这种精神。世间万物，人的因素是最宝贵的。培养大批具有工匠精神的汽车人是保证中国汽车产业健康可持续发展的头等大事。汽车工匠们正是源于对所在岗位的那份热爱和责任，对内心底线的坚守，才会有他们对产品的精雕细琢、对技术的务实钻研、对传道授业的竭力付出。这些汽车人在工作岗位上默默耕耘，他们以一己之力推动着企业进步、行业向前。

六、学习任务练习单

举升机的正确使用	学习任务练习单	班级：
		姓名：

1. 判断题

（1）举升机可超重运行。　　　　　　　　　　　　　　　　（　　）

（2）举升机操作简单，不看说明书也可操作设备。　　　　　（　　）

（3）举升机润滑部位应该经常保持润滑。　　　　　　　　　（　　）

（4）举升机应该定期维护。　　　　　　　　　　　　　　　（　　）

2. 填空题

（1）举升机使用于_____、_____等车型。

（2）举升机的种类包括_____、_____、_____。

（3）简述剪式举升机的操作要求。

_____

_____

（4）简述两柱式举升机的使用方法。

_____

_____

模块 2　充电系统检查保养

任务 2.1　充电桩安装与供电规范

一、任务目标

1. 知识目标

（1）认识交流充电桩。

（2）了解充电桩场地的要求。

（3）了解充电桩的安装流程。

2. 技能目标

（1）能够掌握充电桩的安装准备。

（2）能够正确安装充电桩。

（3）能利用互联网资料检索充电桩安装与供电规范方面的发展动态。

3. 素养目标

（1）能够在工作过程中与小组其他成员合作、交流，养成团队合作意识，锻炼沟通能力。

（2）养成 7S 工作习惯，遵循企业文化。

（3）弘扬工匠精神，宣扬社会主义核心价值观，培养学生奋发图强的爱国主义精神。

（4）强化节约与环保意识。

二、任务定位

任务定位见表 2-1-1。

表 2-1-1　任　务　定　位

【新能源汽车维护与保养】强化项目表																			
工作	一							二				三				四			
职业功能	新能源汽车安全防护							充电系统检查保养				驱动电机系统检查保养				动力电池及管理系统检查保养			
任务分解要项				1	2	3	4	5	6	7	8	9	10	11	12	13	14	15	16
培训项目	资料数据参数	仪器量具使用	拆装量具调试	用电安全防护与安全生产	维修检测设备安全使用	高压用电作业安全规范	举升设备使用维护保养	充电桩安装与供电规范	车载充电机检查保养	车辆充电接口检查保养	车载充电系统检查保养	驱动电机系统检查保养	驱动电机控制检查保养	驱动电机冷却系统检查保养	减速传动机构检查保养	动力电池系统检查保养	动力电池绝缘系统检查保养	电池模组及管理器检查保养	动力电池热管理系统检查保养
技能知识				4				4				4				4			
单组时间				3	3	3	3	3	3	3	3	3	3	3	3	3	3	3	3

三、设备与工具清单

设备与工具清单见表 2-1-2。

表 2-1-2　设备与工具清单

任　务	作业项目	设备与工具清单
充电桩的安装	1. 学会新能源汽车施工前的检查 2. 学会不同充电桩的安装 3. 学会土方作业和电工接线作业	1. 挂壁式交流充电桩 2. 立柱式交流充电桩 3. 直流充电桩 4. 土方作业工具

四、作业项目

交直流充电桩安装

1. 工作情境描述

充电桩的拆卸与装配

重庆的张先生是一家大型商场的负责人，根据用户反馈，由于商场地下停车库缺少充电桩，导致许多新能源车主到隔壁商场充电及购物。为此，张先生联系相关单位，对地下停车场以及地上停车场安装充电桩，满足用户要求。

2. 作业设备工具

高压防护相关劳保用品、安装相关工具、施工设计图纸。

3．作业准备

根据消防设置要求，合理布置充电桩位置，设计合理施工方案；准备完整的安装工具，做好个人防护；根据施工图纸，现场完成直流充电桩的安装。

4．作业步骤

1）安装前准备

（1）施工方案核查见表 2-1-3。

表 2-1-3　施工方案核查

图　　示	核 查 内 容	合格判定
	充电桩施工图纸核查	是□　否□
	交底培训情况核查：安全交底完成、施工注意事项交底完成	是□　否□
	持证上岗核查	是□　否□
	施工条件核查：临时用电准备好、作业工具齐备、作业现场整齐	是□　否□
	施工方案及进度安排核查	是□　否□

（2）电网申请报备见表 2-1-4。

表 2-1-4　电网申请报备

图　　示	报 备 内 容	合格判定
	具有房屋产权或承包合同	是□　否□
	消防合格证明完善	是□　否□
	通过国家电网申请审批	是□　否□
	通过物业管理部门盖章审批	是□　否□
	通过施工方案及进度安排核查	是□　否□

（3）材料准备见表 2-1-5。

表 2-1-5　材 料 准 备

图　　示	材料准备要求	合格判定
	进场材料检查：与图纸一致、型号规格满足要求并有合格证明	是□　否□
	电缆铺设管路及规格、数量满足要求	是□　否□
	悬空支架及制作设备、材料及设备、满足要求	是□　否□

2）交流充电桩安装流程

（1）地下车库交流充电桩的一般安装流程见表 2-1-6。

表 2-1-6　地下车库交流充电桩的一般安装流程

图　　示	要　　求	合格判定
	国家电网完成电力线路的布置	是□　否□
	铺设线缆，安装支架，对照图纸，符合图纸要求	是□　否□
	按照规范安装充电桩，稳固性满足要求	是□　否□
	通电检测，功能满足要求	是□　否□

（2）地上停车场交流充电桩安装流程见表 2 - 1 - 7。

表 2 - 1 - 7　地上停车场交流充电桩安装流程

图　　示	要　　求	合格判定
	按照国家电网要求完成电力线路的布置	是□　否□
	地面开槽，铺设管路，铺设线缆，线路通电正常	是□　否□
	安装立柱，安装充电机本体，充电机本体符合要求	是□　否□
	网络设置，功能测试，充电及结算功能符合要求	是□　否□

3）直流充电桩安装

（1）充电站总体布置设计及要求。

根据国家消防施工要求，充电站设施设置要求见表 2 - 1 - 8。

表 2-1-8 充电站设施设置要求

图　示	要　求	合格判定
查看总体布局 	充电站的总体布置应便于电动汽车的出入及停放，保障站内人员和设施的安全	是□　否□
	充电区的入口和出口至少应有两条车道与站外道路连接，并应设置缓冲距离或缓冲地带，附设电动汽车等候充电的停车道，便于电动汽车进出	是□　否□
消防通道检查 	充电区单车道宽度不应小于 3.5 m，双车道宽度不应小于 6 m。转弯半径按照电动汽车类型确定，且不宜小于 9 m；道路坡度不应大于 6%，且坡道朝向站外	是□　否□
	充电机应靠近充电区设置，电动汽车在停车位充电时不应妨碍站内其他车辆的充电与通行	是□　否□
	充电区应考虑安装防雨、雪的设施，以保护站内充电设施，方便进站充电的电动汽车驾乘人员	是□　否□

（2）充电站电气布置。

根据国家消防施工要求，充电站电气布置步骤及要求见表 2-1-9。

表 2-1-9 充电站电气布置

步　骤	要　求	合格判定
充电桩整体布置检查	充电站电气设备的布置应遵循安全、可靠、适用的原则，并便于安装、操作、搬运、检修、调试	是□　否□
配电房规范性检查	高压开关柜、变压器、低压开关柜、充电机、监控装置等，宜安装在各自的功能房间，且宜设在建筑物的首层，便于运输和安装	是□　否□
电气布置检查	低压开关柜与充电机之间，充电机与充电区停车位之间应尽量靠近	是□　否□
变压器型号检测	变压器与低压开关柜设置在同一房间，变压器应选用干式，且外壳防护等级不低于 IP20	是□　否□
变压器房布置设置	变压器室不宜与监控室紧邻布置或位于正下方，不能满足时应采取防止电磁干扰的措施	是□　否□

（3）充电站负荷及负荷等级设计。

充电站负荷及负荷等级设计见表 2-1-10。

表 2-1-10　充电站负荷及负荷等级设计

步　骤	要　求	合格判定
重要性影响评估	政治上有重大影响，中断供电对社会公共交通产生较大影响，造成社会秩序严重混乱以及对公共交通产生重大影响	是□　否□
	中断供电不会造成以上影响	是□　否□
供电级别判断	二级供电□　　三级供电□	

（4）供电电源要求。

供电电源要求见表 2-1-11。

表 2-1-11　供电电源要求

步　骤	要　求	合格判定
二级供电检查	由两回路高压供电电源供电，两回路高压供电电源宜引自不同的变电站，也可引自同一变电站的不同母线段。每回供电线路应能满足 100%负荷的供电能力	是□　否□
三级供电检查	三级电力用户的充电站由单回路供电电源供电	是□　否□
充电站用电等级检测	用电设备在 100 kW 以上的充电站，应采用 10 kV（20 kV）电压等级供电。用电设备容量在 100 kW 及以下的充电站，可采用 380 V 电压等级供电。设计满足要求	是□　否□
充电桩用电等级检测	交流充电桩应采用 380/220 V 电压等级供电，直流充电桩应采用 380 V 电压等级供电	是□　否□

（5）配电线路及敷设要求。

配电线路及敷设要求见表 2-1-12。

表 2 - 1 - 12　配电线路及敷设要求

步　骤	要　求	合格判定
导线检测	配电线路和控制线路宜采用铜芯导体	是□　否□
电缆类型检测	高压电缆宜选用交联聚乙烯绝缘类型，低压电缆宜选用交联聚乙烯绝缘类型，照明及插座宜选用聚氯乙烯绝缘护套电线	是□　否□
移动电缆检测	移动式电气设备等经常弯移或有较高柔软性要求的回路，应使用橡胶绝缘等电缆 低压接地系统为 TN - S 时，宜选用五芯电缆，电缆中性线截面应与相线截面相同；低压接地系统为 IT 时，可选用带 PE 保护线的四芯电缆	是□　否□
电缆敷设合格检测	用于三相用电设备的电力电缆，其外护套宜采用钢带铠装类。用于单相负荷及直流负荷的单芯电缆，其外护套不应采用导磁性材料铠装	是□　否□
电缆载荷即横截面积合格性检测	低压电缆截面应满足最大电流工作时导体载流量的要求，并应校验线路允许电压降，以满足电气装置的正常工作	是□　否□
电缆便捷性检测	为便于低压供电线路引入、引出充电桩，低压线路的截面不宜大于 120 mm^2	是□　否□
剩余电流保护检测	向成组布置的交流充电桩供电的低压电缆总长度应保证电缆线路正常泄漏电流不使剩余电流保护装置发生误动作	是□　否□
电缆敷设合格性检测	单芯电缆不宜单根穿钢管敷设，当需要单根穿管时，应采用非导磁管材，也可采用经过磁路分隔处理的钢管	是□　否□

（6）充电桩安装要求。

充电桩安装要求见表 2 - 1 - 13。

表 2 - 1 - 13　充电桩安装要求

图示及步骤	要　　求	合格判定
检查安装环境和条件 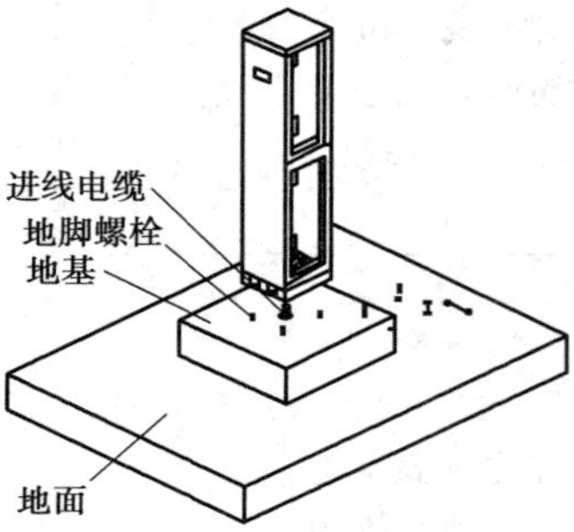 进线电缆 地脚螺栓 地基 地面	落地式安装应竖直于地面安装，允许误差为偏离竖直位置任一方向 5° 以内	是□　否□
	室外落地安装时，应安装在专设的水泥底座上，底座高出地坪 200 mm 以上	是□　否□
	充电设备安装完成后，桩体的下部进线孔必须用防水水泥可靠封堵，防止进水受潮	是□　否□
检查安装后使用效果 	充电桩安装在操作便利的位置，操作面板、充电桩插口、急停按钮须在便于客户操作的外侧，维修空间充足	是□　否□
	安装是否稳固可靠；安装高度：充电设备底部距地面高度 1.2～1.4 m，保证操作按钮高度为 1.6 m	是□　否□
检查接地电阻 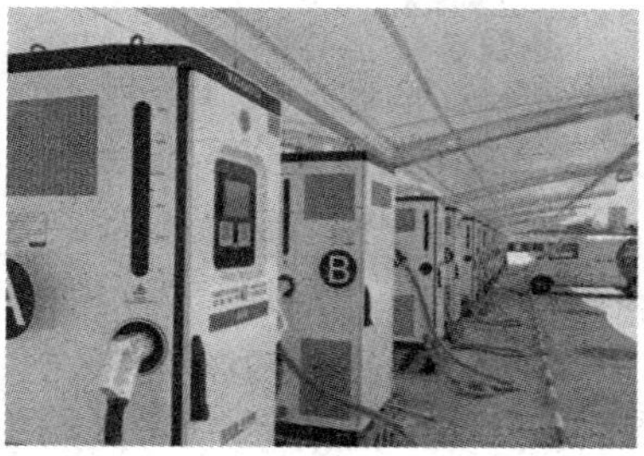	充电桩的外壳、插座门、维修门必须可靠接地；输入回路对地，输出回路对地，输入对输出之间绝缘电阻不应小于 10 MΩ	是□　否□

（7）充电桩桩体安装。

充电桩桩体安装见表 2 - 1 - 14。

表 2 - 1 - 14　充电桩桩体安装

步　骤	要　求	合格判定
开箱检查，钻固定孔 	拆开包装木箱，拆开保护膜，木箱与保护膜完整	是□　否□
	先按照钻孔模板要求，在水泥基座上钻四个直径 18 mm、深度 100 mm 的孔，然后将膨胀螺栓穿墙膨胀部分插入钻好的孔里	是□　否□
	将桩体对好孔，放在水泥基座上，用螺栓 M12×60 打紧锁死；充电桩与水泥基础有可靠的接地连接，接地电阻必须不大于 4 Ω	是□　否□
	将预埋在桩体地基内的三相电缆接到桩体的输入端，注意线的接法，颜色要对应，柜体接地排上接入地线	是□　否□

（8）充电桩功能检测。

用新能源汽车对各个充电桩充电功能进行测试，确保各项功能正常。充电桩功能检测见表 2 - 1 - 15。

充电桩的检测与调试

表 2 - 1 - 15　充电桩功能检测

步　骤	要　求	合格判定
充电功能检测	能够正常充电，充电功率满足要求	是□　否□
结算功能检测	各种结算功能正常，结算标准满足国家计量要求	是□　否□

5. 任务工作单

1）制订计划

根据新能源汽车充电桩说明书，根据安装流程，制订安装计划，见表 2 - 1 - 16。

表 2 - 1 - 16　新能源汽车交流充电桩现场安装作业计划

序　号	作 业 项 目	操 作 要 点
计划审核	审核意见： 年　　月　　日　签字：	

2）小组分工

根据任务计划完成小组分工。小组分工见表 2 - 1 - 17。

表 2 - 1 - 17　小 组 分 工

主要操作人员		记录人员	
协助操作人员		审核人员	
仪器设备、工具、材料			
序号	名　　称	数　　量	是否清点
1			是□　否□
2			是□　否□
3			是□　否□
4			是□　否□
5			是□　否□
6			是□　否□
7			是□　否□
8			是□　否□
9			是□　否□
10			是□　否□

6. 作业任务总结

　　　　　　　　　　　　　　　　　　　　　　　　　　
　　　　　　　　　　　　　　　　　　　　　　　　　　
　　　　　　　　　　　　　　　　　　　　　　　　　　
　　　　　　　　　　　　　　　　　　　　　　　　　　
　　　　　　　　　　　　　　　　　　　　　　　　　　
　　　　　　　　　　　　　　　　　　　　　　　　　　
　　　　　　　　　　　　　　　　　　　　　　　　　　

7. 新能源汽车交流充电桩安装作业评分表

新能源汽车交流充电桩安装作业评分表见表 2-1-18。

表 2-1-18　新能源汽车交流充电桩安装作业评分表

项　目	评 分 标 准	分值	得分
任务导入	明确工作任务，理解任务在工作中的重要程度	5	
知识要点	交流充电桩安装准备	10	
	交流充电桩安装流程	10	
任务计划	制订交流充电桩安装计划	10	
	现场勘察充电桩安装施工图	5	
	能够根据要求，检查核对现场安装工具和对应材料	5	
任务实施	规范识读施工图纸	10	
	准确识别各个现场施工工具	5	
	规范检测供电电压以及检测供电情况	6	
	规范检查电力线缆规格	10	
	清点工具，打扫场地	6	
任务检查	任务完成，操作过程规范	10	
任务评价	能对自身表现情况进行客观评价	4	
	能在任务实施过程中发现自身问题	4	
得分（满分 100）			

五、相关知识

1. 认识交流充电桩

充电桩功能类似于加油站里面的加油机，其可以固定在地面或墙壁，安装在公共建筑和居民小区停车场或充电站内，可以根据不同电压等级为各种型号的电动汽车充电。充电桩主要类型如图 2-1-1 所示。

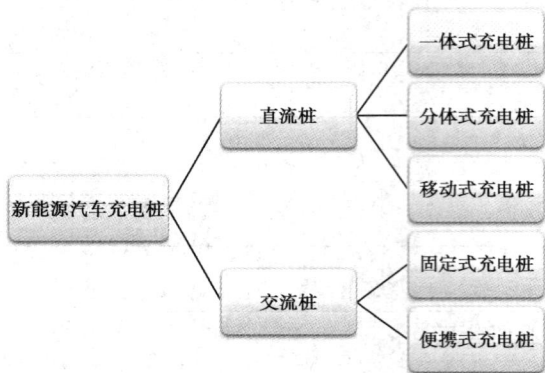

充电桩的维护与保养

图 2-1-1　充电桩分类

电桩和充电系统的认识与分类

1）交流充电桩工作原理

交流充电桩俗称"慢充"，其固定安装在电动汽车外，与交流电网连接，是为车载充电机提供交流电源的供电设备（输出为交流）。交流充电桩大多使用 AC 220 V 单相电源，通过枪、线连接将电能传导给车载充电机。车载充电机通过整流变换，将交流电变换为直流电给动力蓄电池充电。交流充电桩电气系统设计如图 2-1-2 所示，其主回路由输入保护断路器、交流智能电能表、交流控制接触器和充电接口连接器组成；其二次回路由控制继电器、急停按钮、运行状态指示灯、充电桩智能控制器和人机交互设备（显示、输入与刷卡）组成。

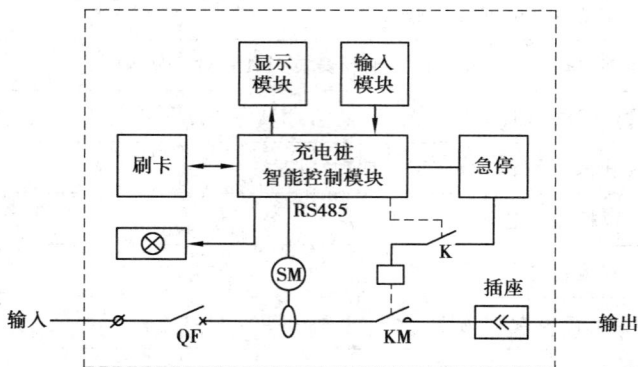

图 2-1-2　交流充电桩电气系统原理框图

图 2-1-2 中，主回路保护断路器具备过载、短路和漏电保护功能；交流接触器控制电源的通断；充电接口连接器提供与电动汽车连接的充电接口，配备锁紧装置和防误操作装置。二次回路提供"启停"控制与"急停"操作；信号灯提供"待机"、"充电"与"充满"状态指

示；交流智能电能表进行交流充电计量；人机交互设备则提供刷卡、充电方式设置与启停控制操作。几种常见类型的交流充电桩如图 2-1-3 所示。

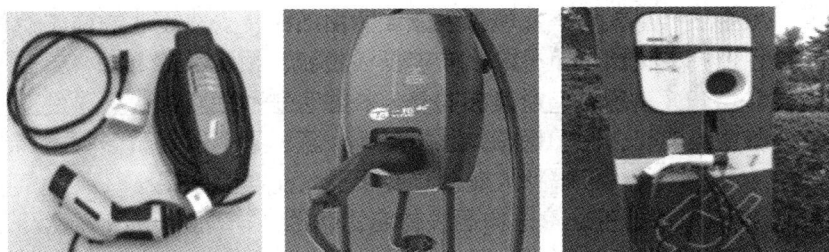

车载便携式充电桩　　　　壁挂式充电桩　　　　公共交流充电桩

图 2-1-3　交流充电桩

2）车载便携式充电桩接口识别

绝大多数新能源汽车都会配有车载便携式充电枪，以方便车主通过 220 V 市电对汽车进行充电，这种充电方式属于交流慢充充电。新能源汽车慢充系统使用 220 V 单相交流电作为供电电源，通过车载充电机，将交流电变换为高压直流电给动力电池进行供电。其电流路径是：220 V 市电插座→便携式充电枪→车辆交流充电口→车载充电机→动力电池。

车载便携式充电枪主要由充电枪枪头、高压充电线、缆上控制盒、220 V 三相插头组成。枪头上通常有防止充电时枪头从车上充电口脱落的机械锁锁扣和解锁按键。新能源汽车交流充电口是 7 孔结构，如图 2-1-4 所示，其对应每个端子的定义如表 2-1-19 所示。

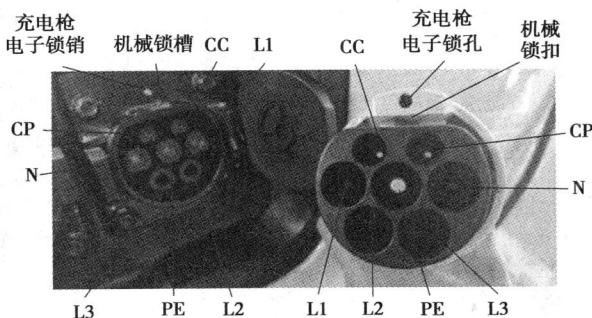

图 2-1-4　车载便携式充电枪枪头端插头与车端交流充电插口结构示意图

表 2-1-19　便携式充电枪与充电口端子定义

端子	定　　义
CC	充电枪枪头充电连接确认线
CP	充电控制确认线
L1	交流电源
N	中线
PE	保护接地，连接供电设备地线和车辆车身
L2	地线
L3	备用触头（空位）

3）家用壁挂式充电桩介绍

壁挂式充电桩一般安装在室内或者周围有墙壁的地方，如地下停车场或者车库内部。安装方式为壁挂式安装，桩体的体积和占据的空间都比较小。表2-1-20中列出了目前市面上部分壁挂式充电桩的产品型号及参数。

表 2-1-20 部分壁挂式充电桩产品型号及参数

公司名称	壁挂式充电桩结构样式	型号及产品名称	产品参数
江西驴充充充电技术有限公司		1ZA7-2型7 kW壁挂式交流充电桩	电流：32 A 电压：220 V 输出端口：单枪 功率：7 kW 额定 防护等级：IP54 枪线总长：5 m
比亚迪股份有限公司	长39 cm 宽27 cm	比亚迪7 kW充电桩家用壁挂式	电流：32 A 电压：AC 220 V 功率：7 kW 额定 防护等级：IP55 接口：单头 使用方式：刷卡启动防盗电，APP 控制
上海挚达科技发展股份有限公司	155 mm 345 mm 110 mm	特斯拉（Tesla）TESLA-SW-001 7 kW壁挂式交流充电桩	电流：16 A 电压：AC 220 V 功率：7 kW 额定 防护等级：IP54 枪线长度：7.4 m 使用方式：即插即用，APP 控制，WiFi 连接
狮擎汽车科技（上海）有限公司		UE-H7CP 7 kW壁挂式交流充电桩	电流：32 A 电压：AC 220 V 功率：7 kW 额定 额定输出电流：32 A 防护等级：IP67 线总长：5 m 额度功率：7 kW 挡位：16A、32 A
瑞华新能源科技（深圳）有限公司		RHAC 7K-X壁挂式交流充电桩	电流：32 A 电压：220 V 功率：7 kW 额定输入电压：AC 220 V 输出电流：32 A 防护等级：IP65 功能：即插即充，刷卡启停，刷卡计费，联网扫码

4）公共交流充电桩介绍

公共交流充电桩采用单桩单充式结构，每个充电接口提供 AC 220 V/7 kW 的交流供电能力，通常具有信息丰富、友好的人机界面。

公共交流充电桩主要安装于公共建筑（公共楼宇、商场、公共停车场等）区域、居民小区停车场或充电站内，交流工作电压 220 V 或 380 V，造价低廉，适用于慢充充电系统。

2. 认识直流充电桩

1）直流充电桩接口形式介绍

公共直流充电桩连接装置接口如图 2-1-5 所示，各端子定义如表 2-1-21 所示。

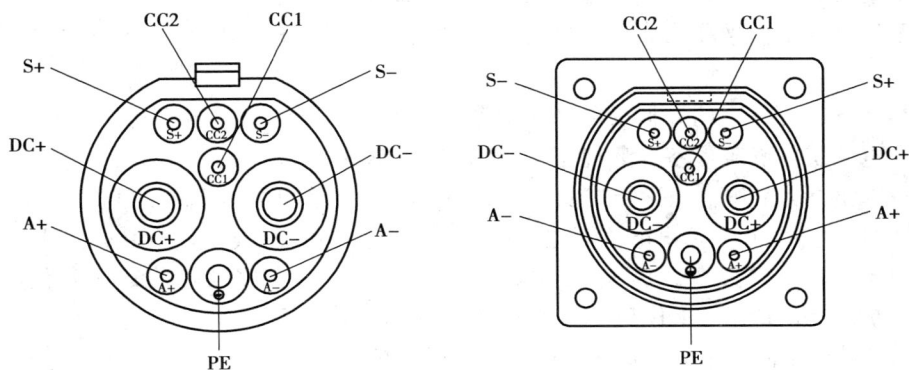

图 2-1-5　直流充电桩连接装置接口示意图

表 2-1-21　标准直流充电口端子定义及功能

端 子 号	功　　能
DC−	直流电源负极
DC+	直流电源正极
PE	车身地（搭铁）
A−	低压辅助电源负极
A+	低压辅助电源正极
CC1	充电连接确认端子 1
CC2	充电连接确认端子 2
S+	充电通信 CAN-H
S−	充电通信 CAN-L

2）直流充电桩结构特点

（1）一体式直流充电桩功能特点。

一体式直流充电桩外观如图 2-1-6 所示，其主要功能特点如下：

• 具备恒流恒压充电功能，适用于对车载高压锂电池系统进行充电；

• 直流充电机具备 CAN 总线接口，用于和电池管理系统通信，在设置为 BMS 充电方式时，充电系统根据电池管理系统的控制命令，实时调整充电电压、电流，且当电池管理系统发出停止或异常信息后能自动停止充电。

• 支持两种充电方式：BMS 充电方式和手动充电方式。BMS 充电方式支持《GB/T 27930—2023 电动汽车非车载传导式充电机与电池管理系统之间的通信协议》或用户定制协议。手动充电方式可以通过触摸屏设置输出电压、电流，适用于没有 CAN 通信的场合。

• 设备具备输入欠压、输入过压、输出短路、输出过压、输出过流、电池反接、绝缘检测、通信故障等保护功能。外部装有运行指示灯，能够实时显示充电系统状态。

• 配置有高压直流国标充电枪，能够有效保证充电安全。

• 配置真彩触摸屏作为人机操作界面，同时可使用充电手机客户端扫描二维码进行充电。

• 具有开放可共享的数据服务平台和管理平台（云平台）。

• 充电系统能够确保室外环境正常使用，防护级别为 IP54。

• 技术指标：工作电压三相五线 AC380 V±15%，输出电压范围：300~750 V，额定输出电流 250 A（单枪），输出电流误差≤±1%，电流<30 A，误差≤±0.3 A，输出电压误差≤±0.5%，功率因数 20.99，总谐波电流≤5%（额定条件下，100%负载），满载最大效率 95%，防护等级 IP54，工作环境温度−30~55 ℃。

• 保护特性：输入过欠压保护、输出过欠压保护、短路保护、过温保护、过流保护、电池反接保护。

• 充电场景：为公交运营车辆、四枪同充或者四枪轮充物流车、环卫车等快速补电或充电设施运营商对外运营场所、大型停车场等。

图 2-1-6　一体式直流充电桩

（2）分体式直流充电桩功能特点。

分体式直流充电桩外观如图 2-1-7 所示，其主要功能特点如下：

• 具备恒流恒压充电功能，适用于对车载高压锂电池系统进行充电。

• 直流充电机具备 CAN 总线接口，用于和电池管理系统通信，在设置为 BMS 充电方式时，充电系统根据电池管理系统的控制命令，实时调整充电电压、电流，且当电池管理系统发出停止或异常信息后能自动停止充电。

• 支持 BMS 充电方式，BMS 充电方式支持《GB/T 27930—2023 电动汽车非车载传导式充电机与电池管理系统之间的通信协议》或用户定制协议。

- 设备具备输入欠压、输入过压、输出短路、输出过压、输出过流、电池反接、绝缘检测、通信故障等保护功能，外部装有运行指示灯，能够实时显示充电系统状态。
- 配置有高压直流国际标准充电枪，能够有效保证充电安全。
- 配置真彩触摸屏作为人机操作界面，同时可使用充电手机客户端扫描二维码进行充电。
- 具有开放可共享的数据服务平台和管理平台（云平台）。
- 充电系统能够确保室外环境正常使用，防护级别为 IP54。
- 技术参数：工作电压 AC 380 V±15%，输出电压范围 200～750 V DC，输出方式一机十二枪（最大），最大输出电流 600 A，单枪最大输出电流 250 A，输出电流误差≤±1%，电流＜30 A，误差≤±0.3 A，输出电压误差≤±0.5%，功率因数≥0.99，总谐波电流≤5 W（额定条件下，100%负载），满载最大效率 95%，防护等级 IP54（整流柜），IP54（充电桩），工作环境温度：-30～55℃。
- 保护特性：输入过欠压保护、输出过欠压保护、短路保护、过温保护、过流保护、电池反接保护。
- 充电场景：公交运营，扫码充电、刷卡充电、预约充电、账号密码充电、双枪同充、VIN 码充电，物流车、环卫车等快速补电，充电设施运营商对外运营场所以及大型停车场等。

图 2-1-7　分体式直流充电桩

六、学习任务练习单

交直流充电桩安装	学习任务练习单	班级：
		姓名：

1. 充电站主要用电设备包括＿＿＿＿＿＿、＿＿＿＿＿＿、＿＿＿＿＿＿、其他用电设备及站内照明等。

2. 转弯半径按照电动汽车类型确定，且不宜小于 9 m；道路坡度不应大于＿＿＿＿%，且坡向站外。

3. 充电站电气设备的布置应遵循＿＿＿＿＿、＿＿＿＿＿、＿＿＿＿＿的原则，并便于安装、操作、搬运、检修、调试。

4. 高压开关柜、＿＿＿＿＿＿＿、低压开关柜、充电机、监控装置等，宜安装在各自的功能房间，且宜设在建筑物的首层，便于运输和安装。

5．充电站主要用电设备包括＿＿＿＿＿＿＿＿＿＿、＿＿＿＿＿＿＿＿＿＿、通风装置、其他用电设备及站内照明等。

6．叙述电网申请报备要求。

＿＿＿＿＿＿＿＿＿＿＿＿＿＿＿＿＿＿＿＿＿＿＿＿＿＿＿＿＿＿＿＿＿＿＿＿＿＿

＿＿＿＿＿＿＿＿＿＿＿＿＿＿＿＿＿＿＿＿＿＿＿＿＿＿＿＿＿＿＿＿＿＿＿＿＿＿

7．简述充电站总体布置的设计及要求。

＿＿＿＿＿＿＿＿＿＿＿＿＿＿＿＿＿＿＿＿＿＿＿＿＿＿＿＿＿＿＿＿＿＿＿＿＿＿

＿＿＿＿＿＿＿＿＿＿＿＿＿＿＿＿＿＿＿＿＿＿＿＿＿＿＿＿＿＿＿＿＿＿＿＿＿＿

8．叙述充电桩安装方式的要求。

＿＿＿＿＿＿＿＿＿＿＿＿＿＿＿＿＿＿＿＿＿＿＿＿＿＿＿＿＿＿＿＿＿＿＿＿＿＿

＿＿＿＿＿＿＿＿＿＿＿＿＿＿＿＿＿＿＿＿＿＿＿＿＿＿＿＿＿＿＿＿＿＿＿＿＿＿

9．叙述充电桩桩体的安装步骤。

＿＿＿＿＿＿＿＿＿＿＿＿＿＿＿＿＿＿＿＿＿＿＿＿＿＿＿＿＿＿＿＿＿＿＿＿＿＿

＿＿＿＿＿＿＿＿＿＿＿＿＿＿＿＿＿＿＿＿＿＿＿＿＿＿＿＿＿＿＿＿＿＿＿＿＿＿

任务 2.2　车载充电机检查保养

一、任务定位

1. 知识目标

（1）了解车载充电机故障检测、拆装与检测。

（2）了解车载充电机拆装注意事项及原理。

（3）了解车载充电机位置以及各个接口的功能。

2. 技能目标

（1）能够熟练拆卸车载充电机并学会分解。

（2）能够熟练拆卸车载充电机，学会插拔对应接插件。

（3）能利用互联网资料检索新能源汽车车载充电机方面的发展动态。

3. 素养目标

（1）能够在工作过程中与小组其他成员合作、交流，养成团队合作意识，锻炼沟通能力。

（2）养成 7S 工作习惯，遵循企业文化。

（3）弘扬工匠精神，宣扬社会主义核心价值观，培养学生奋发图强的爱国主义精神。

（4）强化节约与环保意识。

二、任务定位

任务定位见表 2-2-1。

表 2-2-1　任　务　定　位

培训项目				【新能源汽车维护与保养】强化项目表															
工作				一				二				三				四			
职业功能				新能源汽车安全防护				充电系统检查保养				驱动电机系统检查保养				动力电池及管理系统检查保养			
任务分解要项				1	2	3	4	5	6	7	8	9	10	11	12	13	14	15	16
	资料数据参数	仪器量具使用	拆装量具调试	用电安全防护与安全生产	维修检测设备安全使用	高压用电作业安全规范	举升设备使用维护保养	充电桩安装与供电规范	车载充电机检查保养	车辆充电接口检查保养	车载充电系统检查保养	驱动电机系统检查保养	驱动电机控制系统检查保养	驱动电机冷却系统检查保养	减速传动机构检查保养	动力电池系统检查保养	动力电池绝缘系统检查保养	电池模组及管理器检查保养	动力电池热管系统检查保养
技能知识				4				4				4				4			
单组时间				3	3	3	3	3	3	3	3	3	3	3	3	3	3	3	3

三、设备与工具清单

设备与工具清单见表 2-2-2。

表 2-2-2 设备与工具清单

任　务	作 业 项 目	设备与工具清单
新能源汽车车载充电机识别、拆装与维护保养	顺利找出各类新能源汽车车载充电机的位置并学会对其拆装、维护与保养	高压防护手套等劳保用品；螺丝刀、棘轮扳手等绝缘防护工具；绝缘电阻测量仪、数字万用表

四、作业项目

车载充电机认识

1. 工作情境描述

李先生几年前买了一辆长安 EV460，近期发现自己的新能源汽车充电速度明显变慢了，以前一个晚上可以充满，现在两个晚上才勉强可以充满。李先生将汽车开到 4S 店去维修，4S 店经过检查，认为是车载充电机出现了问题。下面我们一起去认识一下车载充电机，学习如何对其进行拆卸、维护和保养。

2. 作业设备工具

高压防护相关劳保用品、绝缘拆卸工具、万用表、汽车故障解码仪。

3. 作业准备

新能源汽车一辆、故障解码仪、举升机、维修检测平台。

车辆充电接口的
检查与保养

4. 作业步骤

1）长安逸动 EV460 故障检测

为确认长安逸动 EV460 充电变慢故障，采用解码仪对汽车故障进行解码。根据李先生描述，该汽车直流充电速度不受影响，家用交流充电速度变慢，因此主要故障应集中在车载交流充电机上。表 2-2-3 是解码仪使用流程。

表 2-2-3 解码仪使用流程

步　骤	要　求	合格判定
准备工作：插入解码仪 	确保车辆处于停车状态并关闭发动机，新能源汽车则确保车辆下电	是□　否□
	确认解码仪与车辆的 OBD-Ⅱ接口连接良好。一般而言，OBD-Ⅱ接口位于驾驶室内，靠近方向盘下方。人员坐在驾驶室内	是□　否□

步　　骤	要　　求	合格判定
	采用蓝牙形式，连接解码仪和 OBD 诊断盒，确认连接后 OBD 盒子呈现两个绿色指示灯	是□　否□
扫描车辆 	自动搜索匹配车型或者手动输入对应车型，查看是否匹配成功	是□　否□
	待故障解码仪与车辆通信完成后，在显示屏上查看驱动电机当前工作温度、工作电压和工作电流数据	是□　否□
	扫描全车故障码，查看驱动电机相关故障码	是□　否□
	清除故障码，清除后再次扫描故障码，若再次扫描后故障码还在，则可以确认车辆故障	是□　否□
断开连接，拔出 OBD 诊断盒	规范操作	是□　否□

2）认识长安逸动 EV460 充电机

长安逸动 EV460 车载充电机插件功能定义如图 2-2-1 所示。按照功能分为三类,第一类为冷却液插件,包括一个进水口插件和一个出水口插件。第二类为高压插件,插件颜色为橙色,主要包括动力电池插件、PTC 插件、电机控制器插件和交流充电插座插件。第三类为低压插件,插件颜色为黑色。

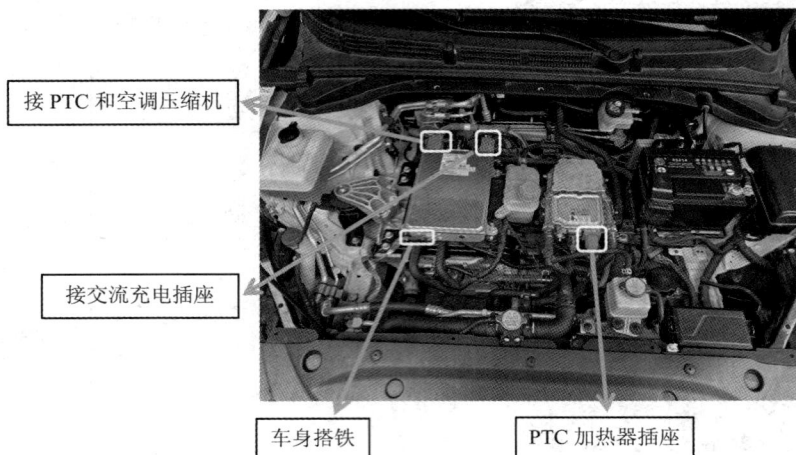

图 2-2-1　长安逸动 EV460 车载充电机功能图

3）车载充电机装调的注意事项

车载充电机装调的注意事项见表 2-2-4。

表 2-2-4　车载充电机装调的注意事项

序号	操 作 内 容	操 作 原 因
1	整车下电,拔掉蓄电池负极端子	防止高压电击
2	换件前须拔掉所有车载充电机高低压插件	方便拆卸
3	在车辆底部放置容器,避免污染地面	等待接冷却液
4	水管脱开前切勿遗漏拆卸接地螺栓,避免拿出充电机时抖洒冷却液和拉扯线束	防止拉扯接地线
5	水管脱开后可将水管口稍微上抬,拿出充电机时充电机端水管朝上拿出	防止大量溢出冷却水
6	新件换好后插接水管时注意"一插、二响、三确认"	确认水道通顺
7	若冷却液接近于水壶下限标示线,请补充冷却液	防止冷却液过少
8	若车辆刚刚运行结束,换件时需先打开水壶拧盖,避免水管脱开时冷却液喷溅	卸掉冷却液内部气压
9	水管旁边的 AC 插件和低压插件尽量远离水管,避免冷却液进入	防止漏电
10	充电机换好后,勿忘排除管路内空气	循环运行一遍

4）拆卸车载充电机

拆卸车载充电机见表 2-2-5。

表 2-2-5　拆卸车载充电机

序号	操作示意图	操作方法	标　　准
1		断开车载充电机与加热器高压线束连接器	规范地断开线束连接
2		断开车载充电机与驱动电机控制器高压线束连接器	规范地断开线束连接
3		断开车载充电机线束与交流充电插座总成连接器	规范地断开线束连接
4		断开车载充电机与驱动电机控制器高线束连接器	规范地断开线束连接
5	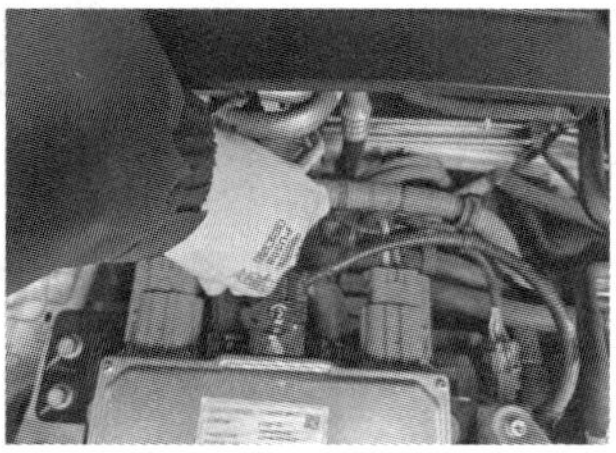	断开车载充电机驱动电机控制器连接水管	规范地断开水管连接

序号	操作示意图	操作方法	标　准
6		断开车载充电机与低压连接器	规范地断开线束连接
7		拆卸分线盒电机控制器高压线束连接器 4 个固定螺栓	规范地拆卸螺栓

5）车载充电机总成装车

　　拆卸分解后，根据表面观察以及内部线路检测，完成之后对故障模块进行更换处理，最后测试，装车。车载充电机总成装车见表 2 - 2 - 6。

表 2 - 2 - 6　车载充电机总成装车

序号	操作示意图	操作方法	标　准
1		放置车载充电机，紧固 4 个车载充电机固定螺栓	规范地安装螺栓
2		连接车载充电机与加热器高压线束连接器	规范地连接线束连接器
3		连接车载充电机与驱动电机控制器高压线束连接器	规范地连接线束连接器

序号	操作示意图	操作方法	标　　准
4		连接车载充电机线束与交流充电插座总成连接器	规范地连接线束连接器
5		连接车载充电机与驱动电机总成连接水管	规范地连接水管
6		连接车载充电机与驱动电机控制器连接水管	规范地连接水管
7		连接车载充电机与低压连接器	规范地连接线束连接器
8		连接分线盒侧直流母线束连接器	规范地连接线束连接器

5. 任务工作单

1）制订计划

根据长安逸动 EV460 车载充电机拆装维修步骤，编写安装计划表，计划表见 2-2-7。

表 2-2-7　长安逸动 EV460 车载充电机拆装与维修计划

序　号	作 业 项 目	操 作 要 点
计划审核	审核意见： 　　　　　　　　　　　　　　　年　　月　　日　签字：	

2）小组分工

根据任务计划完成小组分工，小组分工见表 2-2-8。

表 2-2-8　小 组 分 工

主要操作人员		记录人员	
协助操作人员		审核人员	
仪器设备、工具、材料			

序号	名　称	数量	是否清点
1			是□　否□
2			是□　否□
3			是□　否□
4			是□　否□
5			是□　否□
6			是□　否□
7			是□　否□
8			是□　否□
9			是□　否□
10			是□　否□

6. 作业任务总结

_____

_____

_____

_____

_____

_____

7. 车载充电机拆装作业评分表

车载充电机拆装作业评分表见表 2-2-9。

表 2-2-9　车载充电机拆装作业评分表　　车载充电机的拆卸与安装

项　目	评 分 标 准	分值	得分
任务导入	明确工作任务，理解任务在工作中的重要程度	5	
知识要点	车载充电机故障检测、拆装与检测	10	
	车载充电机拆装注意事项及原理	5	
任务计划	学会汽车解码仪的使用	5	
	准确说出车载充电机位置以及各个接口的功能	5	
	熟练拆卸车载充电机并学会分解	5	
	根据维修手册检测充电机并装回汽车	5	
任务实施	汽车解码仪的使用及故障码读取与修复	5	
	准确对车载充电机进行功能分解	10	
	熟练拆卸车载充电机，学会插拔对应接插件	10	
	顺利完成车载充电机的分解与检测	10	
	顺利装回车载充电机	5	
任务检查	任务完成，操作过程规范	10	
任务评价	能对自身表现情况进行客观评价	5	
	能在任务实施过程中发现自身问题	5	
得分(满分 100)			

五、相关知识

1. 车载充电机定义

车载充电机是一种可以安装在车辆上，用于为电动汽车或混合动力汽车充电的设备。车载充电机可以直接将交流电源转换成电动汽车所需的直流电，通过连接电动汽车的充电接口，将电能传输到汽车的电池组内。车载充电机普遍安装在电动车或混合动力车的引擎舱、行李箱或车顶等位置，如图 2-2-2 与图 2-2-3 所示，以便于用户在需要充电时进行操作。

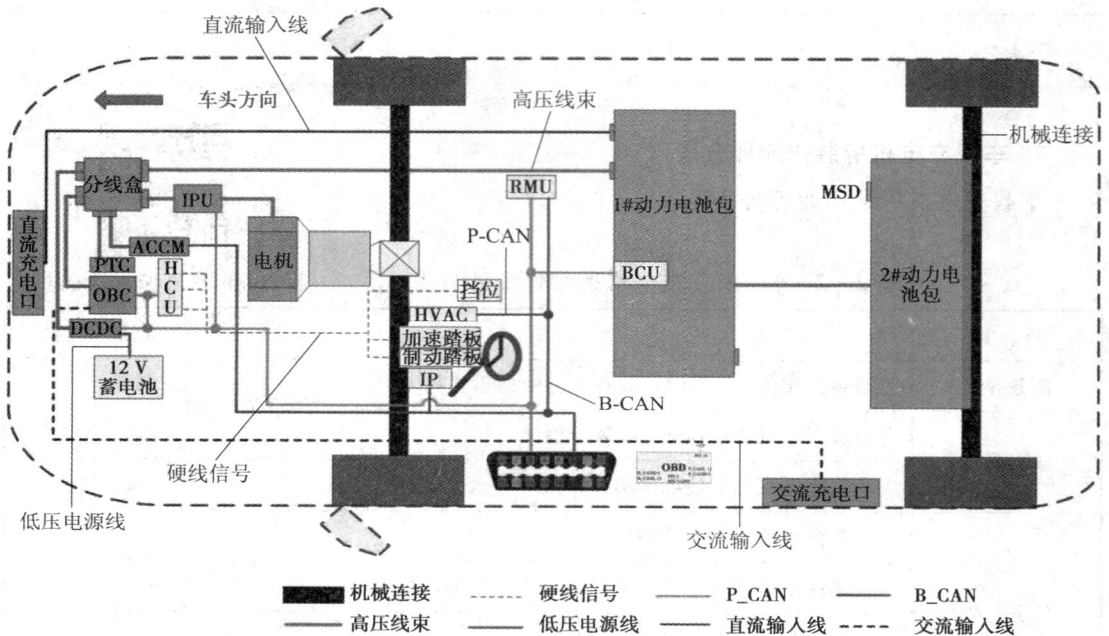

图 2-2-2　汽车充电系统布置图

图 2-2-3　长安逸动 EV460 车载充电机安装位置情况

2. 车载充电机内部结构

车载充电机内部可分为主电路、控制电路、线束及标准件三部分，其内部结构如图 2-2-4 所示。

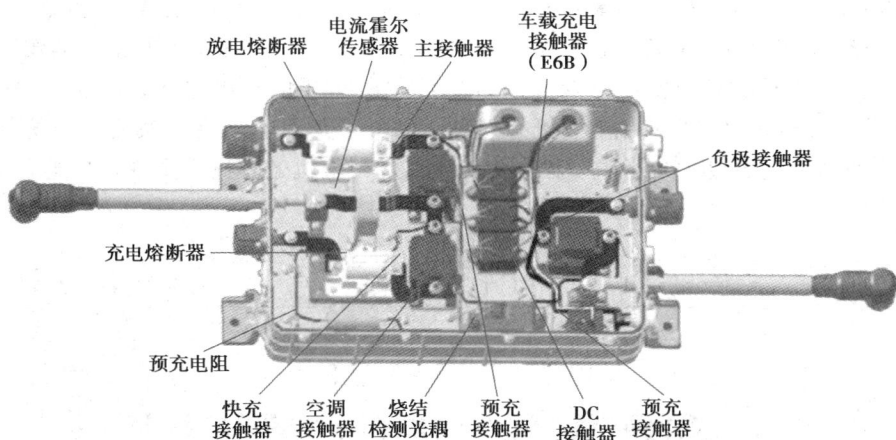

图 2-2-4　车载充电机内部结构

（1）主电路：前端将交流电转换为恒定电压的直流电，主要是全桥电路＋PFC 电路，后端为 DC/DC 变换器，将前端输出的直流高压电变换为合适的电压及电流供给动力蓄电池。

（2）控制电路：控制电路控制 MOS 管的开关，与 BMS 之间的通信，监测车载充电机的状态，以及与充电桩的连接等。

（3）线束及标准件：用于主电路及控制电路的连接，固定元器件及电路板。

3. 车载充电机的特点

车载充电机具有以下特点：根据动力蓄电池特性设计充电的曲线，可以延长动力蓄电池的使用寿命；使用方便，维护简单，单独对 BMS 进行供电，由 BMS 控制智能充电，无须人工职守；保护功能齐全，适用范围广，具有过电压、欠电压、过电流、过热、输出短路、反接等保护功能；整机温度保护为 75 ℃（当机内温度高于 75 ℃时，车载充电机输出电流变小；高于 85 ℃时，车载充电机停止输出）。

按照国家汽车行业标准 QC/T 895—2011《电动汽车用传导式车载充电机》的规定，车载充电机的额定输入电压为单相 AC 220 V，额定输入电流可分为 3 挡，分别是 10 A、16 A 和 32 A，分别计算额定输入功率就是 2.2 kW、3.5 kW 和 7 kW，考虑到车载充电机的最高效率一般为 93% 左右，则其额定输出依次为 2 kW、3.3 kW 和 6.6 kW。目前，国内外市场上的车载充电机产品绝大部分隶属于这 3 种功率等级。

4. 逻辑电路变换结构

1）AC/DC 变换结构

通过对车载充电机的工作性能进行分析，目前普遍采取的拓扑结构有 AC/DC 和 AC/

DC/DC 两种变换结构。

AC/DC 变换结构框图如图 2-2-5 所示，其将电网中的交流电经过整流、滤波、降压后变成满足负载充电要求的高纹波直流电，对动力蓄电池损耗较大。但是，按照输入电压与输出电压的连接 AC 方式进行分类，其有隔离、非隔离型两种。由于非隔离型中 AC/DC 没有电气隔离，考虑到使用者的人身安全，在实际运用中很少被采用；隔离型 AC/DC 变换器是在非隔离型 AC/DC 的基础上添加了隔离变压器，从而实现输入电压与输出电压之间的隔离，并且可以通过调节变压器变比来得到负载所需要的充电电压。对现有 AC/DC 隔离型变换器的拓扑结构进行归纳，大概有 5 种，但由于其不能满足车载充电机宽输出电压的特点，而且很难达到功率因数高、输入电流谐波小、整机效率高等要求，在现实应用设计中几乎不被考虑。

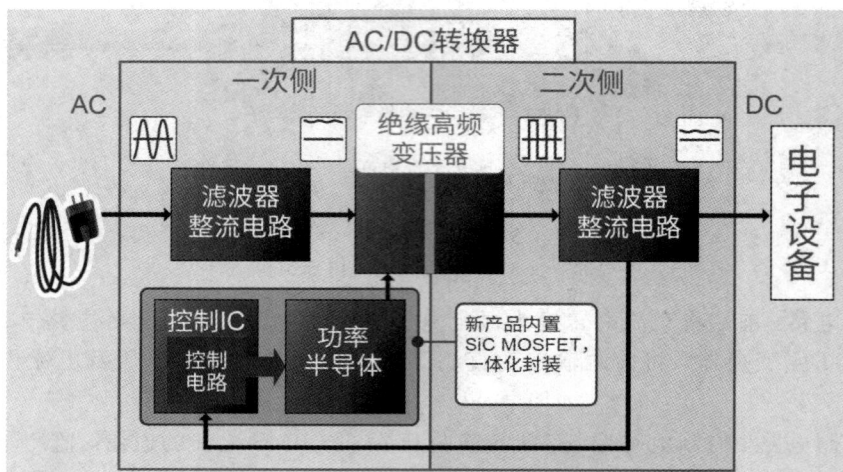

图 2-2-5 AC/DC 变换结构框图

2）AC/DC/DC 变换结构

AC/DC/DC 变换结构框图，如图 2-2-6 所示，其由 AC/DC 和 DC/DC 两部分组成，先将输入的电网交流电经整流、滤波、升压后变成稳定的直流高电压，再通过移相隔离型全桥逆变后经整流、滤波生成满足动力蓄电池充电曲线的高精度低纹波直流电。前级 AC/DC 模块采用 Boost 型 APFC(Active Power Factor Correction)有源功率因数校正电路，实现输入电流跟踪输入电压，提高功率因数 PF(Power Factor)和降低输入电流中的谐波含量 THD(Total Harmonic Distortion)对电网的影响，并为后级电路提供稳定的高压直流电。后级 DC/DC 模块采用隔离式移相全桥 ZVS-PWM(Zero Voltage Switch)变电路，为动力蓄电池提供一个宽输出电压范围、低纹波的高质量直流电。

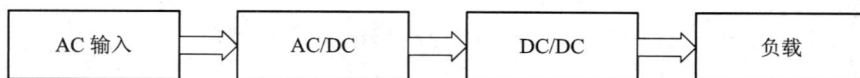

图 2-2-6 AC/DC/DC 变换结构框图

六、学习任务练习单

车载充电机	学习任务练习单	班级：
		姓名：

1. 车载充电机的内部可分为三部分，分别是_____、_____、_____。

2. 车载充电机提供保护功能，包括_____、_____、_____、_____等多种保护功能。

3. 长安逸动 EV460 车载充电机的正常工作温度在_____之间。

4. 在充电过程中，车载充电机还为低压系统提供低压电源，一般为_____V。

5. 车载充电机的通信功能包括：与 BMS 通信、与车辆监控系统通信和_____。

6. 简述车载充电机的结构组成。

_____

_____

7. 叙述车载充电机装调的注意事项。

_____

_____

8. 叙述车载充电机的拆卸步骤。

_____

_____

9. 叙述车载充电机总成的装车步骤。

_____

_____

任务 2.3　车辆充电接口检查保养

一、任务目标

1. 知识目标

（1）了解拆装充电接口、更换充电接口。

（2）了解充电接口的拆卸及接插件的插拔。

（3）了解新充电接口的安装更换。

2. 技能目标

（1）能够正确安装充电接口。

（2）能够正确拆卸充电接口。

（3）能利用互联网资料检索新能源汽车充电接口方面的发展动态。

3. 素养目标

（1）能够在工作过程中与小组其他成员合作、交流，养成团队合作意识，锻炼沟通能力。

（2）养成 7S 工作习惯，遵循企业文化。

（3）弘扬工匠精神，宣扬社会主义核心价值观，培养学生奋发图强的爱国主义精神。

（4）强化节约与环保意识。

二、任务定位

任务定位见表 2-3-1。

表 2-3-1　任务定位

【新能源汽车维护与保养】强化项目表																		
工作			一				二				三				四			
职业功能			新能源汽车安全防护				充电系统检查保养				驱动电机系统检查保养				动力电池及管理系统检查保养			
任务分解要项			1	2	3	4	5	6	7	8	9	10	11	12	13	14	15	16
培训项目	资料数据参数	仪器量具使用 拆装量具调试	用电安全防护与安全生产	维修检测设备安全使用	高压用电作业安全规范	举升设备使用维护保养	充电桩安装与供电规范	车载充电机检查保养	车辆充电接口检查保养	车载充电系统检查保养	驱动电机系统检查保养	驱动电机控制器检查保养	驱动电机冷却系统检查保养	减速传动机构检查保养	动力电池系统检查保养	动力电池绝缘系统检查保养	电池模组及管理器检查保养	动力电池热管理系统检查保养
技能知识			4				4				4				4			
单组时间			3	3	3	3	3	3	3	3	3	3	3	3	3	3	3	3

三、设备与工具清单

设备与工具清单见表 2-3-2。

表 2-3-2　设备与工具清单

任　务	作业项目	设备与工具清单
了解车辆充电接口形式，学会拆装车辆充电接口，能够对车辆充电接口进行维修	拆装维修新能源汽车充电接口	1. 新能源实训车 2. 高压拆卸工具 3. 电路图 4. 电压检测表（万用表）

四、作业项目

新能源汽车充电接口检查保养

1. 工作情境描述

汽修店的小张师傅，最近接到一辆奇怪的故障新能源汽车，汽车解码仪显示汽车完全正常，没有任何故障，但是充电却没有任何反应，导致客户汽车无法使用。根据客户故障描述，王师傅认为是充电接口出现了断路，在客户的见证下对充电接口进行了更换与维护。

2. 作业设备工具

高压防护相关劳保用品、安装施工相关工具、直流充电接口和交流充电接口。

3. 作业准备

正确使用个人防护装备，设置安全护栏，放置警告标识牌，选择正确的绝缘手套（确认外观、绝缘等级、有无漏气）、使用护目镜，车辆在工位停放周正、铺好车内和车外护套。

4. 作业步骤

（1）充电接口拆卸步骤见表 2-3-3。

表 2-3-3　充电接口拆卸步骤

序号	操作示意图	操作方法	标　准
1		断开分线盒侧直流母线束连接器	规范地断开线束连接
2		脱开交流充电高压线束固定线卡	规范地拆下螺栓

序号	操作示意图	操作方法	标　　准
3		拆卸动电池防护板	规范地拆下螺栓
4		脱开交流电高压线束插接器	规范地脱开线束固定卡
5		拆卸交流电高压线束固定线卡	规范地拆下螺栓
6		断开直流充电插座低压连接器线束	规范地断开线束连接器
7		拆卸直流充电高压线束插接器，脱开充电高压线束	规范地断开线束连接器
8		拆卸固定直流充电插座的 4 个螺栓，取出直流充电插座总成	规范地拆下 4 个螺栓

（2）直流/交流充电插座的安装步骤见表 2-3-4。

表 2 - 3 - 4　充电插座的安装步骤

序号	操作示意图	操作方法	标　准
1		安装直流充电插座总成，紧固直流充电插座总成 4 个螺栓	力矩：9 N·m
2		安装直流充电高压线束连接器	规范地安装线束连接器
3		安装直流充电插座低压连接器	规范地安装线束连接器
4		安装交流充电高压线束固定线卡	规范地安装固定线卡
5		安装交流充电高压线束固定线卡	规范地安装固定线卡
6		安装交流充电高压线束插接器	规范地安装插接器

5. 任务工作单

1）制订计划

根据新能源汽车充电接口拆装步骤，制订安装计划表，计划表见表 2 - 3 - 5。

表 2-3-5　新能源汽车交流充电机安装计划

序　号	作 业 项 目	操 作 要 点
计划审核	审核意见： 　　　　　　　　　　　　年　　月　　日　签字：	

2）小组分工

根据任务计划完成小组分工。小组分工见表 2-3-6。

表 2-3-6　小 组 分 工

主要操作人员		记录人员	
协助操作人员		审核人员	
仪器设备、工具、材料			
序号	名　　称	数量	是否清点
1			是□　否□
2			是□　否□
3			是□　否□
4			是□　否□
5			是□　否□
6			是□　否□
7			是□　否□
8			是□　否□
9			是□　否□
10			是□　否□

6. 作业任务总结

7. 新能源汽车充电口维修保养作业评分表

新能源汽车充电口维修保养作业评分表见表 2-3-7。

表 2-3-7 新能源汽车充电口维修保养作业评分表

项　目	评 分 标 准	分值	得分
任务导入	明确工作任务，理解任务在工作中的重要程度	5	
知识要点	学会拆装充电接口、更换充电接口	10	
任务计划	学会解码仪的使用及故障排查	10	
	学会充电接口的拆卸及接插件的插拔	5	
	学会充电接口的安装更换、接插件的插拔	5	
	明确工作任务，理解任务在工作中的重要程度	5	
任务实施	规范使用解码仪，识别故障代码、清除故障代码	10	
	准确分析故障发生点，根据客户描述进行故障复现	10	
	规范拆卸充电接口	10	
	规范安装充电接口	10	
	规范插拔高压插拔件	5	
任务检查	任务完成，操作过程规范	5	
任务评价	能对自身表现情况进行客观评价	5	
	能在任务实施过程中发现自身问题	5	
得分（满分 100）			

五、相关知识

1. 新能源汽车充电接口保养内容

新能源汽车充电口(如图2-3-1和图2-3-2所示)是连接外部电力输入的唯一接口，一旦出现问题，则会导致车辆无法充电，因此需要认真保养。

图2-3-1　车载充电口展示

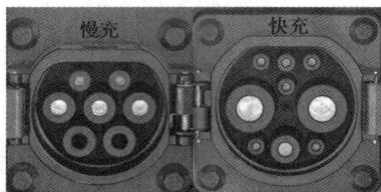

图2-3-2　车载充电口

(1) 使用公共充电枪之前，检查充电枪插口是否有污垢，防止充电枪污染充电口。

(2) 日常使用后，及时盖住充电口，防止灰尘进入。

(3) 若意外情况导致有泥土进入到充电口，可以在下电情况下，用水枪冲洗，然后用吹风机把残余水分吹干。根据新能源汽车防水标准，充电口具备相应等级的防水功能。

2. 新能源汽车充电接口主要故障现象

(1) 充电接口照明灯损坏：部分新能源汽车充电口处配备照明指示灯，当打开充电接口外盖时，则指示灯点亮(白光)，充电中和充满电显示红色和绿色，以提示用户充电情况。该指示灯可更换，可通过检测指示灯引脚电阻来判断是否损坏，然后根据配件进行更换即可。

(2) 充电口过度发热变形：每次充电后，充电口异常发热，导致充电接口变形，造成充电困难。根本原因是接触处电阻过大，导致发热量过大，可以在下电情况下，用清水清洗泥污，用汽油清洗油污。若变形量过大导致难以充电，可直接更换充电接口。

3. 新能源汽车充电口各个接口功能含义

1) 交流充电口含义

绝大多数新能源汽车都会配有车载便携式充电枪，其结构如图2-3-3所示，以方便车主通过220 V市电对汽车进行充电，这种充电方式属于交流慢充充电。新能源汽车慢充系统使用220 V单相交流电作为供电电源，通过车载充电机，将交流电变换为高压直流电给动力电池进行供电，其电流路径是：220 V市电插座→便携式充电枪→车辆交流充电口→车载充电机→动力电池。车载充电枪和车载充电接口各端子的定义如表2-3-8所示。

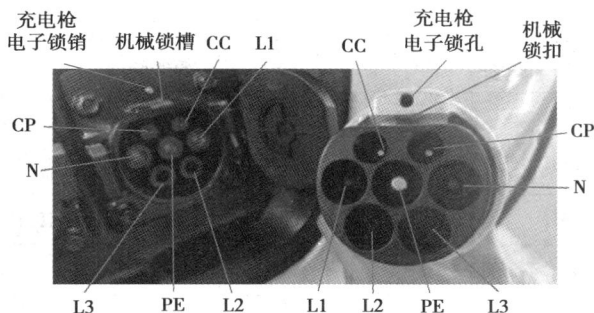

图 2-3-3 车载便携式充电枪枪头端插头与车端交流充电插口结构示意图

表 2-3-8 便携式充电枪与充电口端子定义

端　子	定　义
CC	充电枪枪头端连接确认
CP	充电控制确认
L1	交流电源
N	中线
PE	保护接地，连接供电设备地线和车辆车身
L2	地线
L3	备用触头（空位）

2）直流充电口含义

对于纯电汽车而言，由于内部电池蓄电量较大，对于长途行驶的用户而言，快速补充电力是纯电动汽车所必须具备的基本功能。由于交流充电机安装在汽车内部，体积受限、散热能力也受限，因此其充电功率最大只有 7 kW 左右。但是直流充电桩把 AC/DC 转换设备安装在充电桩上，配备了大功率的散热风扇，因此功率较大，充电功率较大，充电效率较高。直流充电接口，直接接收充电桩的 300～800 V 高压直流电，充电桩与电动汽车握手成功后，根据新能源汽车电池电压实时调整输出电压。目前新能源汽车电压不尽相同，大多数车型电压为 400 V 左右，部分高性能电车电压可达 800 V，电压越高其电流越小，电耗越小。

目前公共直流充电桩连接装置接口如图 2-3-4 所示，各端子定义如表 2-3-9 所示。

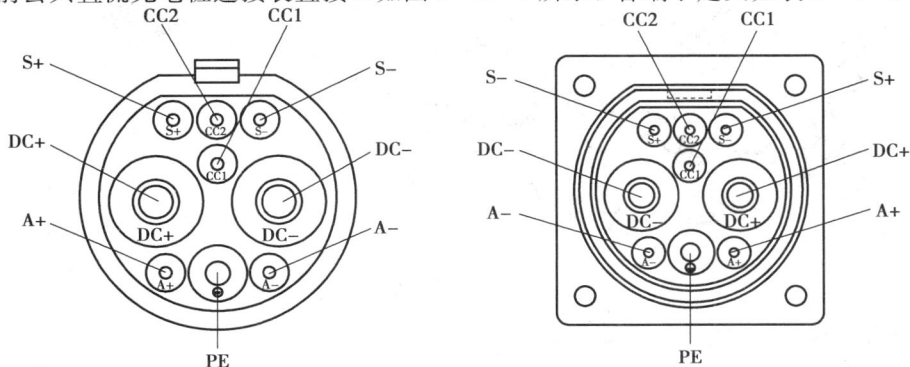

图 2-3-4 直流充电桩连接装置接口示意图

表 2 - 3 - 9　标准直流充电口端子定义及功能

端　子　号	功　　　能
DC—	直流电源负极
DC+	直流电源正极
PE	车身地（搭铁）
A—	低压辅助电源负极
A+	低压辅助电源正极
CC1	充电连接确认
CC2	充电连接确认
S+	充电通信 CAN - H
S—	充电通信 CAN - L

4. 长安逸动 EV460 直流充电系统的布局

　　长安逸动 EV460 的直流充电系统由直流充电接口、直流充电高压线束和动力电池组成，直流充电接口在车辆的左后部，由一个盖板覆盖，从车内将直流充电接口盖板拉开后，盖板弹开，可看到直流充电插座固定在车辆壳体上。直流充电插座与直流充电高压线束连接，直流充电高压线束连接直流充电插座和动力电池。

　　交流充电系统和直流充电系统类似，如图 2 - 3 - 5 所示，操作也相同。

图 2 - 3 - 5　长安逸动 EV460 直流充电系统的布局

5. 直流/交流充电插座的拆卸步骤

如果经解码仪测试，依然找不出任何故障，说明出现的故障没有信息反馈，属于连接线断路。排查相关信息后，若认定为充电插座出现故障，则需要对充电插座进行拆卸、安装，更换全新的充电插座。

　　注意，交流充电插座和直流充电插座更换流程一致，方法也一致。

六、学习任务练习单

车辆充电接口的检查	学习任务练习单	班级：
		姓名：

　　1. 当打开充电接口外盖时，则指示灯点亮（白光），在充电中和充满电时，指示灯会显示_____和_____，以提示用户充电情况。

　　2. 直流充电高压线束连接_____和_____。

　　3. 充电接口是指用于连接_____和_____的充电部件。

　　4. 充电插头和充电插座的非金属部件按行业标准规定的实验方法进行耐氧化性实验后不应出现_____、_____及_____现象。

　　5. 充电插头和充电插座的绝缘部件应能耐受高温，并具有_____。

　　6. 叙述直流/交流充电插座的拆卸步骤。

_____

_____

　　7. 叙述直流/交流充电插座的安装步骤。

_____

_____

　　8. 叙述新能源汽车充电接口的保养内容。

_____

　　9. 叙述新能源汽车充电接口主要故障现象。

_____

_____

任务 2.4　车载充电系统检查保养

一、任务目标

1．知识目标

（1）了解车载充电机内部结构检测。

（2）了解车载充电机零部件更换及合装。

（3）了解车载充电机维修结果检测。

2．技能目标

（1）能够熟练使用汽车解码仪。

（2）能够规范拆分车载充电机。

（3）能规范合装车载充电机，利用互联网资料检索新能源汽车车载充电机方面的发展动态。

3．素养目标

（1）能够在工作过程中与小组其他成员合作、交流，养成团队合作意识，锻炼沟通能力。

（2）养成 7S 工作习惯，遵循企业文化。

（3）弘扬工匠精神，宣扬社会主义核心价值观，培养学生奋发图强的爱国主义精神。

（4）强化节约与环保意识。

二、任务定位

任务定位见表 2-4-1。

表 2-4-1　任务定位

【新能源汽车维护与保养】初级强化项目表															
工作		一			二				三				四			
职业功能		新能源汽车安全防护			充电系统检查保养				驱动电机系统检查保养				动力电池及管理系统检查保养			
任务分解要项		1	2	3	4	5	6	7	8	9	10	11	12	13	14	15	16
培训项目	资料数据参数	仪器量具使用	拆装量具调试	用电安全防护与安全生产	维修检测设备安全使用	高压用电作业安全规范	举升设备维护保养	充电桩安装与供电规范	车载充电机检查保养	车辆充电接口检查保养	车载充电系统检查保养	驱动电机系统检查保养	驱动电机控制检查保养	驱动电机冷却系统检查保养	减速传动机构检查保养	动力电池系统检查保养	动力电池绝缘系统检查保养	电池模组及管理器检查保养	动力电池热管理系统检查保养
技能知识		4				4				4				4			
单组时间		3	3	3	3	3	3	3	3	3	3	3	3	3	3	3

三、设备与工具清单

设备与工具清单见表 2-4-2。

表 2-4-2　设备与工具清单

任　　务	作 业 项 目	设备与工具清单
车载充电机拆装	车载充电机拆装与检测	1. 新能源汽车 2. 高压绝缘电压表 3. 防护手套等 4. 高压防护拆卸工具套装

四、作业项目

车载充电系统检查保养

1. 工作情境描述

王先生几年前买了一辆长安逸动 EV460，发现近期自己的新能源汽车无法充电，故障现象是：充电过程中一切正常，但是没有电流流入，电量不增加。李先生将汽车开到 4S 店去维修，4S 店经过检查，认为是车载充电机出现了问题。下面我们一起去认识一下车载充电机，看如何分解与检修吧。

2. 作业设备工具

高压防护相关劳保用品、绝缘拆卸工具、万用表、汽车故障解码仪、安全防护栏、警告标识牌、常用工具和维修手册等。

3. 作业准备

新能源汽车一辆、故障解码仪、举升机、维修检测平台，穿戴绝缘鞋进入工位，设置隔离栏，放置安全警示牌，检查干粉灭火器，检查工具设备。

车载充电的检查与保养

4. 作业步骤

1）汽车解码仪检测故障代码

严格按照解码仪使用流程，如图 2-4-1 所示。读取长安逸动 EV460 的故障代码，找出故障原因。通过用户描述以及故障代码情况，初步诊断为车载充电机故障。该故障的维修需要将车载充电机拆卸下来进行分解，然后更换内部零部件。

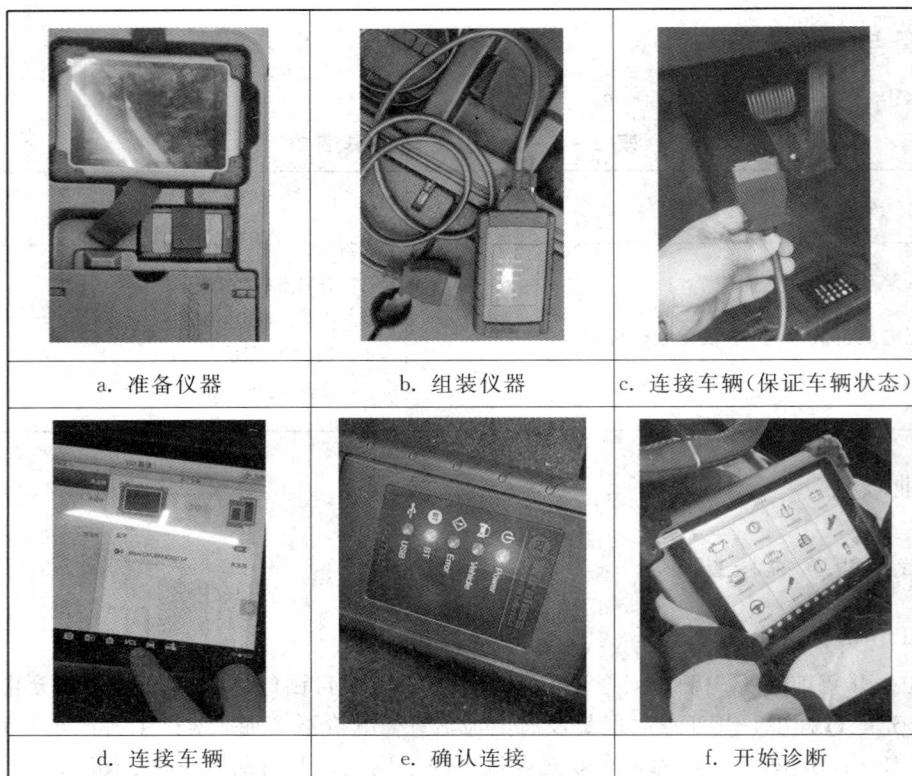

a. 准备仪器	b. 组装仪器	c. 连接车辆（保证车辆状态）
d. 连接车辆	e. 确认连接	f. 开始诊断

图 2-4-1　汽车解码仪使用流程

2）故障复现

根据用户描述，复现故障，清除故障代码后，再次读取故障码，最终确定故障位置。

3）分解车载充电机

图 2-4-2 所示为长安逸动 EV460 车载充电机的组成，主要包括上下壳体、水道端盖、电气主板、各插接器插座、水道接口等。

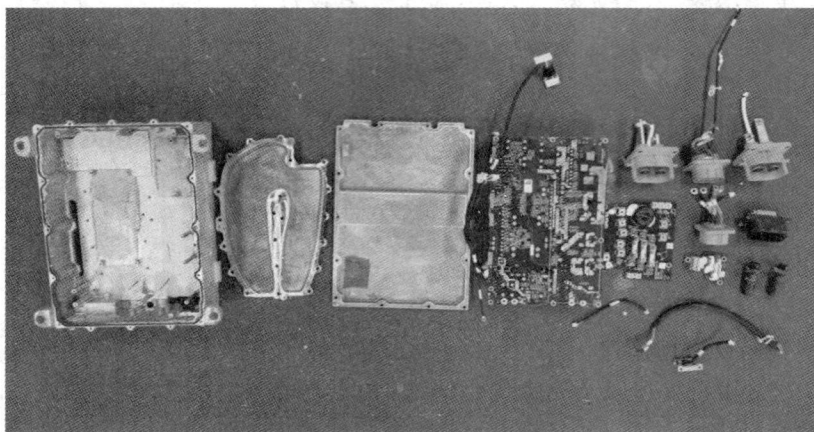

图 2-4-2　长安逸动 EV460 车载交流充电机结构组成

安装注意事项：

车载充电机有气密性要求，要求内部冷却水不能向内泄漏；要求外部水不能通过壳体缝隙渗透进去。因此需要进行密封性检查，可利用气压机对内部进行充气，检测气压下降情况。

为确保重新安装后，具有合格的气密性，要严格按照说明，在壳体安装过程中对接缝处进行打胶处理。

为防止后续继续拆修，可以在不密封的情况下，进行性能测试或功能检测，以确保后续一次性安装成功。

4）车载充电机故障检测

车载充电机故障检测方法见表 2 - 4 - 3。

表 2 - 4 - 3　车载充电机故障检测

序号	操作示意图	操 作 方 法	标　　准
1		将车载充电机总成安装在车上	规范地安装充电机
2		检查车辆是否能够整车上电行驶	正常上电

5．任务工作单

1）制订计划

将拆卸下来的长安逸动 EV460 车载充电机进行拆解、检测与装配，编写安装计划表，见表 2 - 4 - 4。

表 2 - 4 - 4   长安逸动 EV460 车载充电机拆装与维修计划

序号	作 业 项 目	操 作 要 点
计划审核	审核意见： 　　　　　　　　　　　　　　年　　月　　日　签字：	

2）小组分工

根据任务计划完成小组分工，见表 2 - 4 - 5。

表 2 - 4 - 5   小 组 分 工

主要操作人员		记录人员	
协助操作人员		审核人员	
仪器设备、工具、材料			
序　号	名　　称	数　量	是否清点
1			是□　否□
2			是□　否□
3			是□　否□
4			是□　否□
5			是□　否□
6			是□　否□
7			是□　否□
8			是□　否□
9			是□　否□
10			是□　否□

6. 作业任务总结

_____

_____

_____

_____

_____

_____

_____

7. 评分表

车载充电系统维修保养作业评分表见表 2-4-6。

表 2-4-6　车载充电系统维修保养作业评分表

项　目	评　分　标　准	分值	得分
任务导入	明确工作任务，理解任务在工作中的重要程度	5	
知识要点	车载充电机的分解、检修及合装	5	
	熟练使用汽车解码仪	5	
任务计划	学会汽车解码仪的使用	5	
	复现车载充电机故障	5	
	按照规范拆分车载充电机	5	
	按照规范合装车载充电机	5	
任务实施	汽车解码仪的使用及故障码读取与修复	10	
	车载充电机分解	10	
	车载充电机内部结构检测	10	
	车载充电机零部件更换及合装	10	
	车载充电机维修结果检测	5	
任务检查	任务完成，操作过程规范	10	
任务评价	能对自身表现情况进行客观评价	5	
	能在任务实施过程中发现自身问题	5	
得分(满分100)			

五、相关知识

1. 车载充电机的分类及特点

车载充电机是指可以装载在电动汽车上，提供移动充电服务的充电设备。根据其运行特点，车载充电机可以分为三类：直流车载充电机、交流车载充电机和无线车载充电机。三类车载充电机的特点分别如下：

1）直流车载充电机

直流车载充电机通常使用高压直流的方式向电池充电。它们可以在 30 分钟内将电池充电至 80%～90%的容量。其主要特点包括：

（1）充电速度快。

（2）可以快速充电，适合紧急状态下的充电需求。

（3）适用于长途行驶。

（4）可以帮助电动汽车在长途旅行时缩短充电时间。

2）交流车载充电机

交流车载充电机使用普通家用电源的交流电来为电池充电。它们的充电速度相对较慢，一般需要数小时甚至更久的时间才能将电池充满。其主要特点包括：

（1）相对于直流车载充电机，充电速度较慢。

（2）适用于日常生活。

（3）可以满足日常生活中的充电需求，例如在停车场或家里充电。

3）无线车载充电机

无线车载充电机使用磁共振或电磁感应等方式，利用无线信号把电能传输到电动汽车的电池中。其主要特点包括：

（1）无须插拔电缆和接头，使用非接触式充电方式，更加兼容各种电动汽车。

（2）便利性高。

（3）无须购买电线，不需要特定的充电时间和地点，便于日常使用。

综上所述，车载充电机可以分为直流车载充电机、交流车载充电机和无线车载充电机三种类型。直流车载充电机充电速度快，适用于紧急状态下的充电需求和长途行驶；交流车载充电机充电速度相对较慢，适用于日常生活中的充电需求；无线车载充电机便利性大，使用高科技的无线电能传输方式，更加兼容各种车型。在选择车载充电机时，需要考虑个人使用习惯、实际需求和经济成本等因素。

2. 充电方式介绍

新能源汽车主要有三种充电方式：交流充电、直流快充和无线传输充电。

1）交流充电

交流充电是利用家用交流电流为能源电池充电的方式。如图 2-4-3 通过连接一组稳压和充电电路器件，将电源的交流电流转化为合适的直流电流，为电池组充电。这种充电方式电流一般较小，充电速度相对较慢，一般次日才能充满，但充电桩建设成本较低，管理相对简单。由于充电速度慢，安全性好，常作为地下停车库的充电设施，并可以作为个人充电设施。

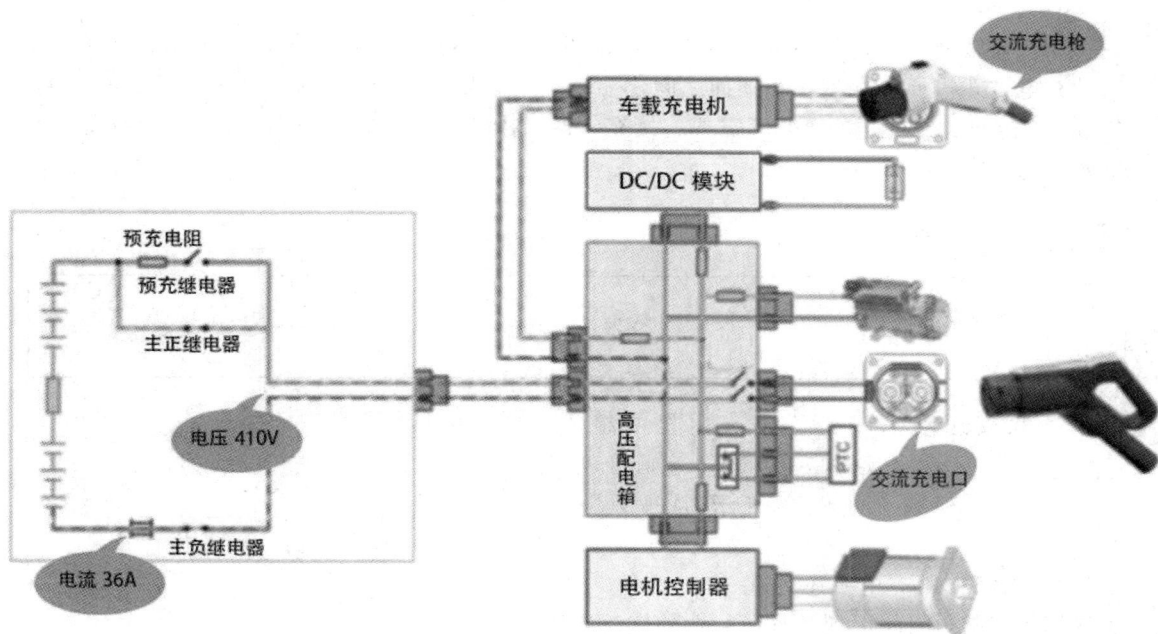

图 2-4-3　新能源汽车充电方式

交流充电是借助车载充电机将外部输入的交流电转化为直流电为电池充电，由于车载充电机体积小，散热相对困难，从安全角度功率难以做大，因此交流充电速度较慢，但是相对比较安全。

2）直流快充

直流快充是指直接将交流电压转化为直流电压进行充电。这种方式的特点是充电速度快，可以在短时间内充满大部分电池容量，充电速度也比较稳定。但是快充的建设成本相对较高，管理和维护成本也较高。

直流充电过程，可以选择恒流充电、恒压充电和涓流充电三种方式，这也是电池充电过程中常见的三种充电方式，它们的特点如下：

（1）恒流充电：在恒流充电模式下，电源会以恒定的电流向电池充电，直到电池充满为止。这种充电模式可以实现快速充电，但需要控制充电过程中电流的大小，以避免电池受到损坏。

（2）恒压充电：在恒压充电模式下，电源会以恒定的电压充电，当电池电压达到一定值时，充电器会自动调整电流大小，以保证电池充满。这种充电模式可以避免电池受损，但充电速度相对较慢。

（3）涓流充电：在涓流充电模式下，电流非常小，只能充电百分之几的电量。这种充电方式主要用于电池放电后的长期存放和恢复，可以避免电池自放电，延长电池使用寿命。

根据实际情况，不同的充电方式都有适用的场景。例如对于电动汽车，快速充电需要使用恒流充电模式，适当控制充电时间和充电电流，可实现电池快速充满；而电池维护和长期存放时可以采用涓流充电模式，避免电池自行放电导致损坏。

3）无线传输充电

无线传输充电是指利用电磁感应和共振原理，在不接触充电设备的情况下进行充电。这种充电方式需要先在汽车和地面之间建立一个电磁场，然后电能就可以在两者之间无线传输了。这种方式充电方便，不需要连接充电器，对用户更加友好，但技术成熟度不高，充电效率低，建设成本高。

六、学习任务单

车载充电系统	学习任务单	班级：
		姓名：

1. 长安逸动 EV460 车载充电机的组成，主要包括 _____、_____、_____、各插接器插座、水道接口等。

2. OBC 车载充电机的工作原理是通过一个 _____和一个 _____来完成的。

3. OBC 车载充电机还具有_____、_____、_____和便携等优势，因此得到了汽车行业的广泛应用。

4. 车载充电机的工作过程可分为步骤：_____、_____、_____充电。

5. 车载充电机的优点是什么？

_____

_____

6. 叙述车载充电机的分解步骤。

_____

_____

7. 叙述车载充电机的装调步骤。

_____

_____

8. 叙述车载充电机的安装注意事项。

_____

_____

模块 3　驱动电机系统检查保养

任务 3.1　驱动电机系统检查保养

一、任务目标

1. 知识目标

(1) 掌握驱动电机的作用。

(2) 掌握永磁同步电机的结构与工作原理。

(3) 熟悉数字电流钳和数字万用表。

(4) 了解驱动电机的检查保养。

2. 技能目标

(1) 能够正确对车辆进行下电。

(2) 能够正确使用绝缘电阻表。

(3) 能够正确使用数字万用表。

(4) 能够正确使用各种绝缘维修工具。

3. 素养目标

(1) 能够在工作过程中与小组其他成员合作、交流，养成团队合作意识，锻炼沟通能力。

(2) 养成 7S 工作习惯，遵循企业文化。

(3) 弘扬工匠精神，宣扬社会主义核心价值观，培养学生奋发图强的爱国主义精神。

(4) 强化节约与环保意识。

二、任务定位

任务定位见表 3 - 1 - 1。

表 3-1-1　任 务 定 位

		一				二				三				四			
工作		一				二				三				四			
职业功能		新能源汽车安全防护				充电系统检查保养				驱动电机系统检查保养				动力电池及管理系统检查保养			
任务分解要项		1	2	3	4	5	6	7	8	9	10	11	12	13	14	15	16
培训项目	资料数据参数 仪器量具使用 拆装量具调试	用电安全防护与安全生产	维修检测设备安全使用	高压用电作业安全规范	举升设备使用维护保养	充电桩安装与供电规范	车载充电机检查保养	车辆充电接口检查保养	车载充电系统检查保养	驱动电机系统检查保养	驱动电机控制检查保养	驱动电机冷却系统检查保养	减速传动机构检查保养	动力电池系统检查保养	动力电池绝缘系统检查保养	电池模组及管理器检查保养	动力电池热管理系统检查保养
技能知识		4				4				4				4			
单组时间		3	3	3	3	3	3	3	3	3	3	3	3	3	3	3	

三、设备与工具清单

设备与工具清单见表 3-1-2。

表 3-1-2　设备与工具清单

任 务	作 业 项 目	设备与工具清单
驱动电机系统检查保养	驱动电机紧固螺栓检查 驱动电机外观检查 驱动电机工作温度检查 驱动电机工作电压检查 驱动电机工作电流检查 驱动电机温度传感器检查 驱动电机三相绝缘电阻检查 驱动电机绝缘电阻检查	整车、举升机 维修工具、工具箱、零件盒 绝缘防护套装(人员和场地) 绝缘测量仪器(钳形万用表、绝缘电阻测试仪等) 电脑、维修手册

四、作业项目

驱动电机系统检查保养

1. 工作情境描述

李先生驾驶的长安深蓝 SL03(纯电版)已行驶 12 000 km,需要进入 4S 店维护。作为技术员,请你根据维修手册及技术标准完成对驱动电机的检查与维护。

驱动电机的检查与保养

2．作业设备工具

长安深监 SL03 轿车、绝缘防护用具、绝缘测量工具、电脑、维修手册。

3．作业准备

检查车辆在工位停放周正、准备车内和车外防护套装。

4．作业步骤

1）专用工具的准备

（1）检修仪器，配备有专门的检修仪器，如 Prius 配备有智能测试仪。

（2）常用仪表，如电压表、欧姆表、绝缘测试仪等。

（3）专用工具，如螺丝刀、扳手等，这些常用工具必须有绝缘措施。

（4）常用物料，如绝缘胶带、扎带等。

2）个人防护

电动汽车使用高压电路，在检修前必须做好以下个人防护措施：

（1）佩戴绝缘手套。

（2）穿防护鞋、工作服等。

（3）身上不能佩戴金属物件，如金银手链、戒指、手表、项链等物品。

3）注意事项

电动汽车系统使用高压电路，不正确的操作可能导致电击或漏电，所以，在检修过程中拆卸、检查、更换零件时，必须注意下列事项：

（1）操作高压系统时断开电源。断开电源时须注意：通常断开高压或辅助电源，因系统内故障诊断代码有可能会被清除，所以须先检查读取故障代码后再断开电源。

（2）按下钥匙锁车键或点击中控屏幕中"爱车与维护"中"一键下电"将整车下电，点击车机上"安全与维护"界面。

（3）将小电瓶负极端搭铁取下。

（4）按下电池端直流母线接插件卡扣后拔下直流母线接插件。

（5）打开高压盒上盖测量直流电压：高压正对机壳电压、高压负对机壳电压高压回路上电压低于 36 V，若电压大于 36 V，需放置一段时间，直至测得电压低于 36 V 安全电压方可进行下一步操作。

（6）断开电源后放置车辆 5 min，需要对车辆系统内的高压电容器进行放电。

（7）佩戴绝缘手套，并确保绝缘手套没有破损（注意：不要戴湿手套）。

（8）高压电路的线束和连接器通常为橙色，高压零部件通常贴有"高压"警示，操作这些线束和附件时需要特别注意。

（9）对高压系统进行操作时，在旁边放置"高压工作，请勿靠近"的警告牌。

（10）不要携带任何类似卡尺或测量卷尺等的金属物体，因为这些物件可能掉落从而引起短路。

（11）拆下任何高压配线后，立刻用绝缘胶带将其绝缘。

（12）一定要按规定扭矩将高压螺钉端子拧紧，扭矩不足或过量都会导致故障。

（13）完成对高压系统的操作后，应再次确认在工作台周围没有遗留任何零件或者工具以及确认高压端子已经拧紧并和连接器连接。

注意：

（1）检查驱动电机绝缘性时一定要断开高低压电，断开插接件时注意安全。

（2）对纯电动汽车高压部件进行维护作业前，必须做好高压安全防护准备。

4）驱动电机系统检查保养

驱动电机系统检查保养操作步骤见表3-1-3。

表 3-1-3 操 作 步 骤

操作示意图	操作步骤	是否完成
（1）检查并清洁驱动电机的外观。		
	检查驱动电机是否有磕碰、损坏，表面是否漏液	是□ 否□
	清洁驱动电机表面的灰尘、油泥	是□ 否□
（2）检查驱动电机的插接件。		
	佩戴绝缘手套检查驱动电机高压插接件连接是否紧固	是□ 否□
电机温度传感器 电机旋变传感器 	检查驱动电机各传感器插接件是否紧固	是□ 否□

操作示意图	操作步骤	是否完成
（3）检查驱动电机的螺栓。		
	检查驱动电机与变速器总成安装力矩是否符合技术标准	是□　　　否□
（4）检查驱动电机的绝缘性。		
	测量驱动电机搭铁绝缘，将量程调至 500 V，将黑表笔搭铁，红表笔分别测量驱动电机三相端子，要求每相的测量值大于或等于 550 MΩ	是□　　　否□
（5）检查驱动电机定子绕组电阻值。		
	使用数字式万用表，分别测量驱动电机三相定子绕组间的电阻值，要求每相的测量值应小于 1 Ω	是□　　　否□
（6）检查旋变传感器及电机温度传感器的电阻值。		
	使用数字式万用表，分别测量旋变传感器 A－B、C－D、E－F 组的电阻值是否符合技术标准	是□　　　否□

操作示意图	操作步骤	是否完成
	使用数字式万用表，测量电机温度传感器的电阻值是否符合技术标准	是□ 否□
	测量驱动电机搭铁绝缘，将量程调至 500 V，将黑表笔搭铁，红表笔分别测量驱动电机三相端子，要求每相的测量值大于或等于 550 MΩ	是□ 否□

（7）驱动电机工作温度、工作电压及工作电流检查（以下操作以深蓝 SL03 车型为例）。

	取出故障诊断仪，并按要求先连接故障诊断仪	是□ 否□
	打开车门，在仪表台下方找到 OBD 诊断接口，并将故障诊断仪连接到 OBD 诊断接口上	是□ 否□

操作示意图	操作步骤	是否完成
	打开点火开关,打开故障诊断仪电源,依次进入"诊断→选择品牌→选择车型诊断→选择品牌→诊断→控制单元→前桥发电机控制器→读数据流"选项,待故障诊断仪与车辆通信完成后,在显示屏上查看驱动电机当前工作温度、工作电压	是□　　否□

5)场地整理

按 7S 标准进行场地整理。

行业小知识

驱动电机系统维护周期:日常维护,1~2 次/周;定期维护,半年或 10 000 km。

5. 任务工作单

1)制订计划

根据新能源汽车电驱系统检测与维护任务要求,制订电动汽车驱动电机检查与维护计划,见表 3-1-4。

表 3-1-4　电动汽车驱动电机检查与维护计划

序　号	作业项目	操作要点
计划审核	审核意见:　　　　　　　　　　　　　　　　　　　　　　　年　　月　　日　签字:	

2）小组分工

根据任务计划完成小组分工，见表3-1-5。

表 3 - 1 - 5　小 组 分 工

主要操作人员		记录人员	
协助操作人员		审核人员	
仪器设备、工具、耗材			
序号	名　称	数　量	是否清点
1			是□　　否□
2			是□　　否□
3			是□　　否□
4			是□　　否□
5			是□　　否□
6			是□　　否□
7			是□　　否□
8			是□　　否□
9			是□　　否□
10			是□　　否□

6. 作业任务总结

7. 驱动电机系统检查保养作业评分表

驱动电机系统检查保养作业评分表见表 3 - 1 - 6。

表 3 - 1 - 6　驱动电机系统检查保养作业评分表

考核项目	评 分 标 准	分值	得分
任务导入	明确工作任务，理解任务在工作中的重要程度	5	
知识要点	驱动电机日常与周期保养与检测	10	
任务计划	制订电动汽车驱动电机检查与维护计划	10	
	能协同小组人员安排任务分工	5	
	能在实施前准备好所需要的工具器材	5	
任务实施	规范地进行高压系统下电	8	
	规范进行驱动电机的外观检查并清洁	8	
	规范进行驱动电机的性能检查	10	
	恢复供电后，检测故障	10	
	规范读取驱动电机数据流	10	
	清点工具，打扫场地	5	
任务检查	任务完成，操作过程规范	10	
任务评价	能对自身表现情况进行客观评价	2	
	能在任务实施过程中发现自身问题	2	
得分（满分 100）			

五、相关知识

1. 认识驱动电机

1）电驱系统

电驱系统是新能源汽车三大核心部件之一，是新能源汽车行驶的主要驱动系统，其特性决定了车辆的主要性能指标，直接影响车辆动力性、经济性和用户驾乘感受。

驱动电机的构造

2）驱动电机的作用

电机，也称为电动机、动力电机或驱动电机，是一种可以将电能转化动能，从而用来驱动其他装置的电气设备。驱动电机是纯电动汽车的唯一动力源，可向外输出扭矩，驱动汽车前进或后退；同时也可以作为发电机发电（例如，在高坡下滑、高速滑行以及制动过程中把势能或者动能通过电机转化为电能）。图3-1-1是驱动电机的示意图。

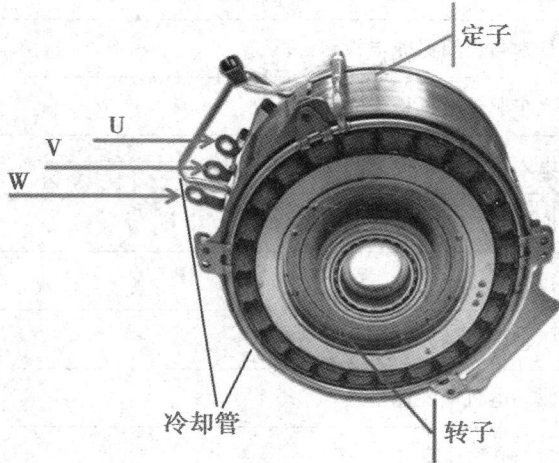

图3-1-1 驱动电机示意图

2. 驱动电机分类

主流新能源汽车用驱动电机主要分为永磁同步、异步两种，如图3-1-2所示。

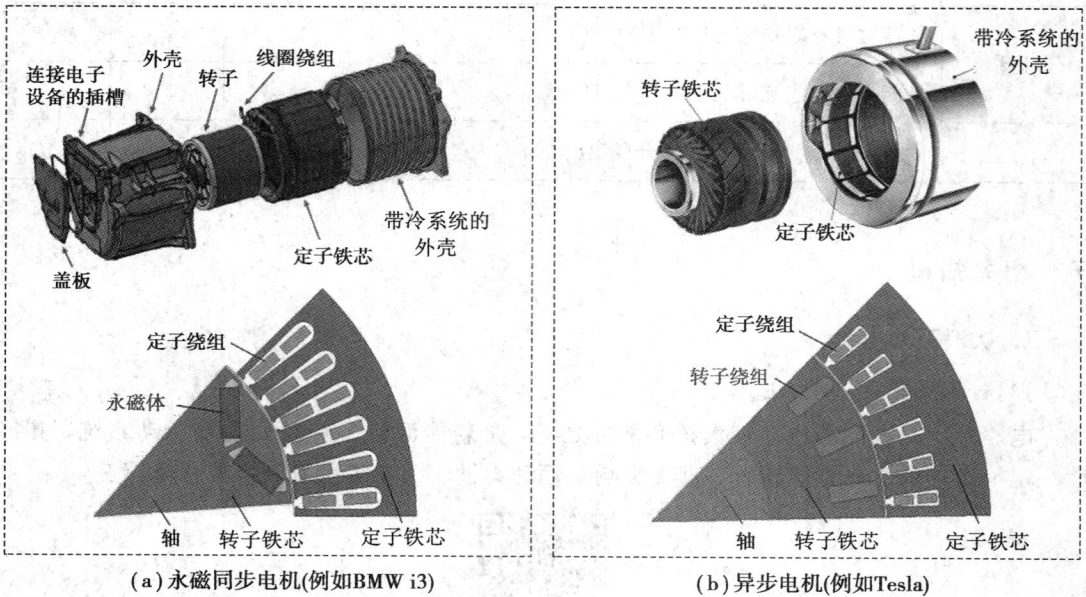

（a）永磁同步电机(例如BMW i3)　　　（b）异步电机(例如Tesla)

图3-1-2 驱动电机分类

3. 永磁电机

1）永磁同步电机结构介绍

永磁同步电机主要是由转子、端盖及定子等各部件组成的，如图 3-1-3 所示。一般来说永磁同步电机最大的特点是它的定子结构和普通的异步电机的结构非常相似，主要区别是转子的独特结构。它和常用的异步电机最大的不同则是转子的独特结构，在转子上放有高性能的永磁体磁极。

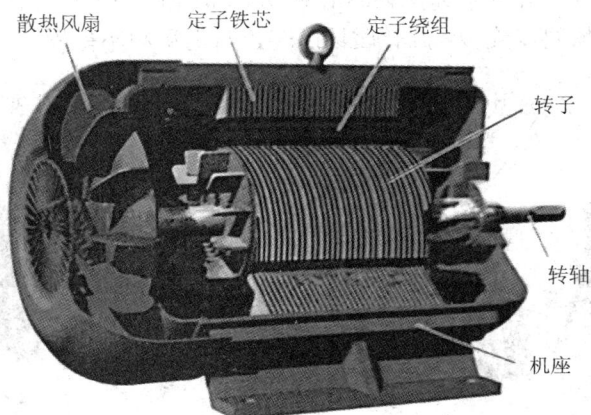

图 3-1-3 永磁同步电机结构

（1）定子：定子主要由两部分组成，包括定子铁芯和定子绕组，其余辅料包括定子绝缘漆、胶、绝缘纸等。定子铁芯通常为一种叠片结构，将很薄的硅钢片冲剪成定子平面形状后将多片叠压，然后通过在外圆周焊接或者使用扣片等方式构成一个整体。定子绕组的作用是形成磁场。永磁同步电机定子绕组的主要电气参数、绕组形式与三相异步电机的定子绕组一样，通入交流电源即产生旋转磁场。其结构如图 3-1-4 所示。

图 3-1-4 永磁同步电机定子结构

驱动电机总成的拆卸与安装

（2）转子：永磁同步电机转子由永磁体、转子铁芯和轴承等组成。

永磁体是转子的核心部分，它是由高性能稀土永磁材料制成的，具有高磁能积、高磁导率、高矫顽力等优良性能。永磁体的形状可以是圆柱形、矩形、扇形等，需要根据不同的应用场合和要求进行设计。

转子铁芯是永磁同步电机转子的另一个重要组成部分，它是由硅钢片叠压而成的。转子铁芯的主要作用是提供磁路，使永磁体的磁场能够顺利地传递到定子上，从而产生电磁转矩。转子铁芯的形状和尺寸也会根据不同的应用场合和要求进行设计。

轴承是永磁同步电机转子的支撑部分，它主要用于支撑转子和保证转子的旋转平稳。轴承的种类有很多，常见的有滚动轴承、滑动轴承、磁悬浮轴承等。不同的轴承类型有不同的优缺点，需要根据具体的应用场合和要求进行选择。

永磁同步电机转子采用径向永久磁铁作磁极，如图 3-1-5 所示。在旋转磁场的作用下，转子跟随旋转磁场同步旋转，旋转磁场的转速与电源频率呈固定的关系。

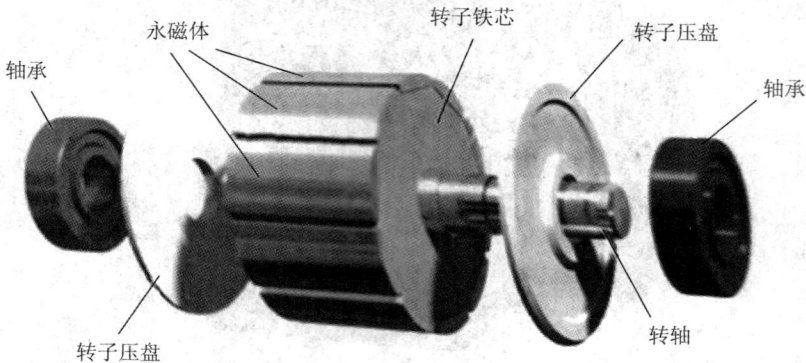

图 3-1-5　永磁同步电机转子结构

2) 永磁同步电机的分类

根据在转子铁芯上安放永磁体的位置不同，永磁同步电机通常被分为三大类：内嵌式、表面式和镶嵌式。

3) 永磁同步电机的工作原理

永磁同步电机的基本工作原理是：磁通总是沿磁阻最小的路径闭合，利用磁引力拉动转子旋转，于是永磁转子跟随定子产生的旋转磁场同步旋转，故称之为同步电机。对称三相定子绕组通入三相交流电产生旋转磁场，永磁转子在定子旋转磁场的磁力拖动下转动且达到同步转速。永磁同步电机工作原理如图 3-1-6 所示。

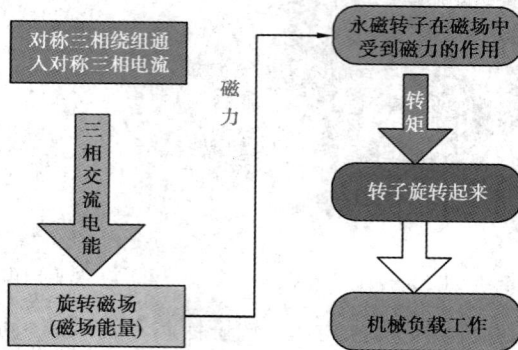

图 3-1-6　永磁同步电机工作原理

4）永磁同步电机的特点

（1）质量小、体积小，可显著提升车辆的动力性能与续航能力。

（2）电机发热小，因此电机冷却系统结构简单、噪声小。

（3）转阻力大，且有反向电压。

（4）永磁材料在高温下可能产生退磁现象。

（5）成本较高。

六、学习任务练习单

驱动电机检查维护保养	学习任务练习单	班级：
		姓名：

1. 填空题

（1）永磁同步电机主要由_____、_____组成。

（2）永磁同步电机的定子由_____、_____组成。

2. 简述题

（1）驱动电机的作用。

_____

_____

_____

_____

（2）永磁同步电机的工作原理。

_____

_____

_____

_____

任务 3.2 驱动电机控制检查保养

一、任务目的

1. 知识目标

(1) 掌握驱动电机的作用。

(2) 掌握永磁同步电机的结构与工作原理。

(3) 熟悉数字电流钳和数字万用表。

(4) 了解驱动电机控制的检查保养。

2. 技能目标

(1) 能够正确对车辆进行下电。

(2) 能够正确使用绝缘电阻表。

(3) 能够正确使用数字万用表。

(4) 能够正确使用各种绝缘维修工具。

3. 素养目标

(1) 能够在工作过程中与小组其他成员合作、交流，养成团队合作意识，锻炼沟通能力。

(2) 养成 7S 工作习惯，遵循企业文化。

(3) 弘扬工匠精神，宣扬社会主义核心价值观，培养学生奋发图强的爱国主义精神。

(4) 强化节约与环保意识。

二、任务定位

任务定位见表 3-2-1。

表 3-2-1 任务定位

【新能源汽车维护与保养】—强化项目表																			
工作			一				二				三				四				
职业功能			新能源汽车安全防护				充电系统检查保养				驱动电机系统检查保养				动力电池及管理系统检查保养				
任务分解要项			1	2	3	4	5	6	7	8	9	10	11	12	13	14	15	16	
培训项目	资料数据参数	仪器量具使用	拆装量具调试	用电安全防护与安全生产	维修检测设备安全使用	高压用电作业安全规范	举升设备使用维护保养	充电桩安装与供电规范	车载充电机检查保养	车辆充电接口检查保养	车载充电系统检查保养	驱动电机系统检查保养	驱动电机控制检查保养	驱动电机冷却系统检查保养	减速传动机构检查保养	动力电池系统检查保养	动力电池绝缘系统检查保养	电池模组及管理器检查保养	动力电池热管理系统检查保养	
技能知识			4				4				4				4				
单组时间	3	3	3	3		3	3	3	3		3	3	3	3		3	3	3	3	

三、设备与工具清单

设备与工具清单见表 3-2-2。

表 3-2-2　设备与工具清单

任务	作业项目	设备与工具清单
驱动电机控制检查保养	1. 驱动电机控制器电源电压检查 2. 驱动电机控制器工作温度检查 3. 驱动电机控制器低压插接器断开 4. 驱动电机控制器高压插接器断开 5. 驱动电机控制器绝缘电阻检查 6. 驱动电机控制器高压导线电阻检查	1. 整车、举升机 2. 维修工具、工具箱、零件盒 3. 绝缘防护套装（人员和场地） 4. 绝缘测量仪器（钳形万用表、绝缘电阻测试仪等） 5. 电脑、维修手册

四、作业项目

驱动电机控制检查保养

1. 工作情境描述

李先生驾驶的长安深蓝 SL03（纯电版）已行驶 12 000 km，需要进入 4S 店维护，作为技术员，请你根据维修手册及技术标准完成对驱动电机控制的检查与维护。

2. 作业设备工具

长安深蓝 SL03 轿车、绝缘防护用具、绝缘测量工具、电脑、维修手册。

3. 作业准备

检查车辆在工位停放周正，准备车内和车外防护套装。

4. 作业步骤

1）专用工具的准备

（1）检修仪器，配备有专门的检修仪器。

（2）常用仪表，如电压表、欧姆表、绝缘测试仪等。

（3）专用工具，如螺丝刀、扳手等，这些常用工具必须有绝缘措施。

（4）常用物料，如绝缘胶带、扎带等。

2）个人防护

电动汽车使用高压电路，在检修前必须做好以下个人防护措施：

（1）佩戴绝缘手套。

（2）穿防护鞋、工作服等。

（3）身上不能佩戴金属物件，如金银手链、戒指、手表、项链等物品。

3）注意事项

电动汽车系统使用高压电路，不正确的操作可能导致电击或漏电。所以，在检修过程中拆卸、检查、更换零件时，必须注意下列事项：

（1）操作高压系统时断开电源。通常断开高压或辅助电源时，系统内故障诊断代码有可能会被清除，所以须先检查读取故障代码后再断开电源。

（2）按下钥匙锁车键或点击中控屏幕中"爱车与维护"中"一键下电"将整车下电，点击车机上"安全与维护"界面。

（3）将小电瓶负极端搭铁取下。

（4）按下电池端直流母线接插件卡扣，拔下直流母线接插件。

（5）打开高压盒盖测量直流电压：高压正对机壳电压、高压负对机壳电压、高压回路上电压低于 36 V，若电压大于 36 V，需放置一段时间，直至测得电压低于 36 V 安全电压方可进行下一步操作。

（6）断开电源后放置车辆 5 min，需要对车辆系统内的高压电容器进行放电。

（7）佩戴绝缘手套，并确保绝缘手套没有破损（注意：不要戴湿手套）。

（8）高压电路的线束和连接器通常为橙色，高压零部件通常贴有"高压"警示，操作这些线束和附件时需要特别注意。

（9）对高压系统进行操作时，在旁边放置"高压工作，请勿靠近"的警告牌。

（10）不要携带任何类似卡尺或测量卷尺等的金属物体，因为这些物件可能掉落从而引起短路。

（11）拆下任何高压配线后，立刻用绝缘胶带将其绝缘。

（12）一定要按规定扭矩将高压螺钉端子拧紧，扭矩不足或过量都会导致故障。

（13）完成对高压系统的操作后，应再次确认在工作台周围没有遗留任何零件或者工具以及确认高压端子已经拧紧并和连接器连接。

注意：

（1）检查驱动电机绝缘性时一定要断开高低压电，断开插接件时注意安全。

（2）对纯电动汽车高压部件进行维护作业前，必须做好高压安全防护准备。

4）驱动电机系统检查保养

驱动电机系统检查保养见表 3-2-3。

电机控制器总成的拆卸与安装

电机控制器的检查与保养

表 3-2-3　驱动电机系统检查保养

操作示意图	操作步骤	是否完成
（1）驱动电机控制器工作温度检查。 		

操作示意图	操作步骤	是否完成
	查看驱动电机控制器当前工作温度、工作电压和工作电流数据是否符合技术标准	是□　　　否□
（2）检查高压电控总成冷却水管、接头处。		
	检查高压电控总成冷却水管、接头处是否有渗漏	是□　　　否□
（3）检查高压电控总成连接器及插接件。		
	检查驱动电机控制器附件高压线束有无老化、裂纹现象	是□　　　否□
	检查 DC－DC 充电输出端连接器是否正常	是□　　　否□
	检查交、直流充电插接件是否紧固	是□　　　否□

操作示意图	操作步骤	是否完成
	检查驱动电机连接器是否紧固。	是□　　　否□
	检查驱动电机控制器附件高压线束有无老化、裂纹现象	是□　　　否□
（4）清洁高压电控总成。		
	用高压气枪或干布清除高压电控总成表面的灰尘、油泥 注意：严禁使用水枪对驱动电机及高压部件喷水清洗	是□　　　否□
（5）驱动电机控制器低压插接器的断开。		

操作示意图	操作步骤
 	操作步骤1：戴好绝缘手套，使用绝缘工具拆开电机控制器外壳螺栓并取下外壳

操作示意图	操作步骤	是否完成
	操作步骤 2：戴好绝缘手套，拔下低压插接器	

（6）驱动电机控制器高压插接器的断开。

操作示意图	操作步骤
	操作步骤 1：戴好绝缘手套，用绝缘工具拆下固定螺栓
	操作步骤 2：戴好绝缘手套，拔下高压插接器，用绝缘胶带包好金属部分

（7）驱动电机控制器绝缘电阻检查。

操作示意图	操作步骤	是否完成
	测量驱动电机控制器绝缘电阻，绝缘阻值应≥50 MΩ　注意：每次测量时间不超过 15 s	是□　　否□

操作示意图	操作步骤	是否完成
(8) 驱动电机控制器高压导线电阻检查。		
	测量三相线束绝缘电阻值,绝缘电阻应≥20 MΩ 注意:高压断电	是□　　否□

4) 场地整理

按 7S 标准整理场地。

行业小知识

驱动电机系统维护周期:日常维护:1～2 次/周。定期维护:半年或 10 000 km。

---

5. 任务工作单

1) 制订计划

根据新能源汽车电驱系统检测与维护任务要求,制订电动汽车驱动电机控制器检查与维护计划。计划见表 3-2-4。

表 3-2-4　电动汽车驱动电机控制器检查与维护计划

序　号	作业项目	操作要点
计划审核	审核意见: 　　　　　　　　　　　　　　　　年　　月　　日　　签字:	

2）小组分工

根据任务计划完成小组分工，见表 3-2-5。

表 3-2-5　小 组 分 工

主要操作人员		记录人员	
协助操作人员		审核人员	
仪器设备、工具、耗材			
序号	名　称	数　量	是否清点
1			是□　　否□
2			是□　　否□
3			是□　　否□
4			是□　　否□
5			是□　　否□
6			是□　　否□
7			是□　　否□
8			是□　　否□
9			是□　　否□
10			是□　　否□

6. 作业任务总结

7. 驱动电机控制检查保养作业评分表

驱动电机控制检查保养作业评分表见表 3 - 2 - 6。

表 3 - 2 - 6   驱动电机控制检查保养作业评分表

考核项目	评 分 标 准	分值	得分
任务导入	明确工作任务，理解任务在工作中的重要程度	5	
知识要点	驱动电机控制日常与周期保养及检测	10	
任务计划	制订电动汽车驱动电机控制器检查与维护计划	10	
	能协同小组人员安排任务分工	5	
	能在实施前准备好所需要的工具器材	5	
任务实施	规范的进行高压系统下电	8	
	规范进行驱动电机控制器的外观检查并清洁	8	
	规范进行驱动电机控制器的性能检查	10	
	恢复供电后，检测故障	10	
	规范读取驱动电机控制器数据流	10	
	清点工具，打扫场地	5	
任务检查	学生任务完成，操作过程规范	10	
任务评价	学生能对自身表现情况进行客观评价	2	
	学生在任务实施过程中发现自身问题	2	
得分（满分 100）			

五、相关知识

1. 驱动电机控制器概述

电机控制器作为电驱系统的"大脑"，负责根据整车控制器（Vehicle Control Unit，简称 VCU）的指令控制电机的转速、扭矩输出，实现整车的怠速启停、电动助力、制动能量回收、巡航充电等功能。驱动电机控制器技术比较成熟，它具有集成度高、功率密度高、寿命长、输出稳定等特点。

驱动电机控制器是控制动力电池与驱动电机之间能量传输的装置，由控制信号接口电路、驱动电机控制电路和驱动电路组成。驱动电机控制器是通过集成电路的主动工作来控制驱动电机按照设定的方向、速度、角度、响应时间进行工作的模块。它使得电机应用范围更加广泛、输出效率更好以及噪声更小。其能量流动方式如图 3 - 2 - 1 所示。

驱动电机控制器一般安装在前机舱内驱动电机的上部。采用 CAN 通信控制，控制着动力电池与驱动电机之间的能量传输，同时采集电机位置信号和三相电流检测信号，精确地

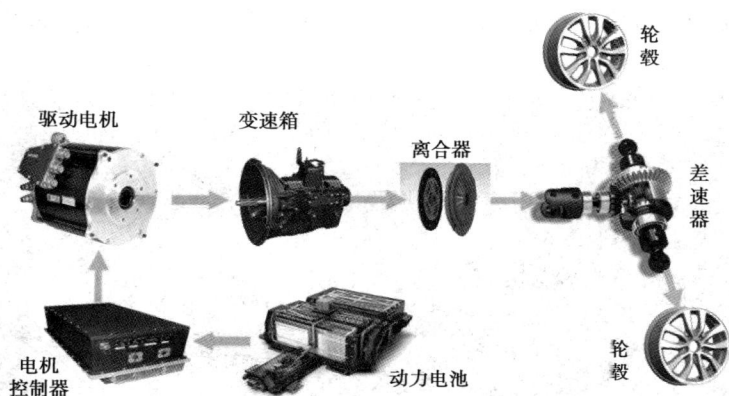

图 3-2-1　能量流动示意图

控制驱动电机运行。

驱动电机控制系统主要功能包括车辆的怠速控制、车辆前进（控制电动机正转）、车辆倒退（控制电动机反转）、DC/AC 等。典型的电机控制系统框图如图 3-2-2 所示。

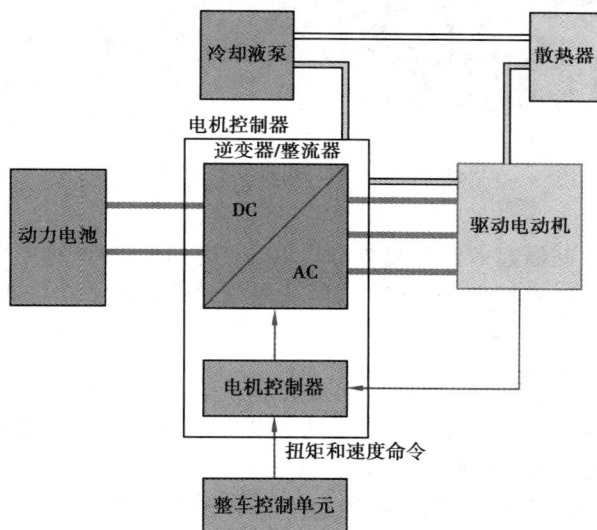

图 3-2-2　典型的电机控制系统框图

2. 驱动电机控制器结构与组成

驱动电机控制器是驱动电机的控制中心又称智能功率模块，以绝缘栅双极型晶体管（Insulate-Gate Bipolar Transistor，简称 IGBT）模块为核心，辅以驱动集成电路、主控集成电路，对所有的输入信号进行处理，并将驱动电机控制器运行状态的信息通过网络发送给整车控制器。驱动电机控制器内含故障诊断电路。当诊断出异常时，它将会激活一个错误代码（故障码）发送给整车控制器，同时也会存储该故障码和数据。驱动电机控制器使用以下传感器来提供驱动电机的工作信息：电流传感器，用以检测电机工作的实际电流（包括母线电流、三相交流电流）；电压传感器，用以检测供给驱动电机控制器工作的实际电压（包括动力电池电压、12V 蓄电池电压）；温度传感器，用以检测驱动电机控制系统的工作温度

（包括 IGBT 模块温度、驱动电机控制器板载温度）。驱动电机控制器的组成如图 3-2-3 所示。

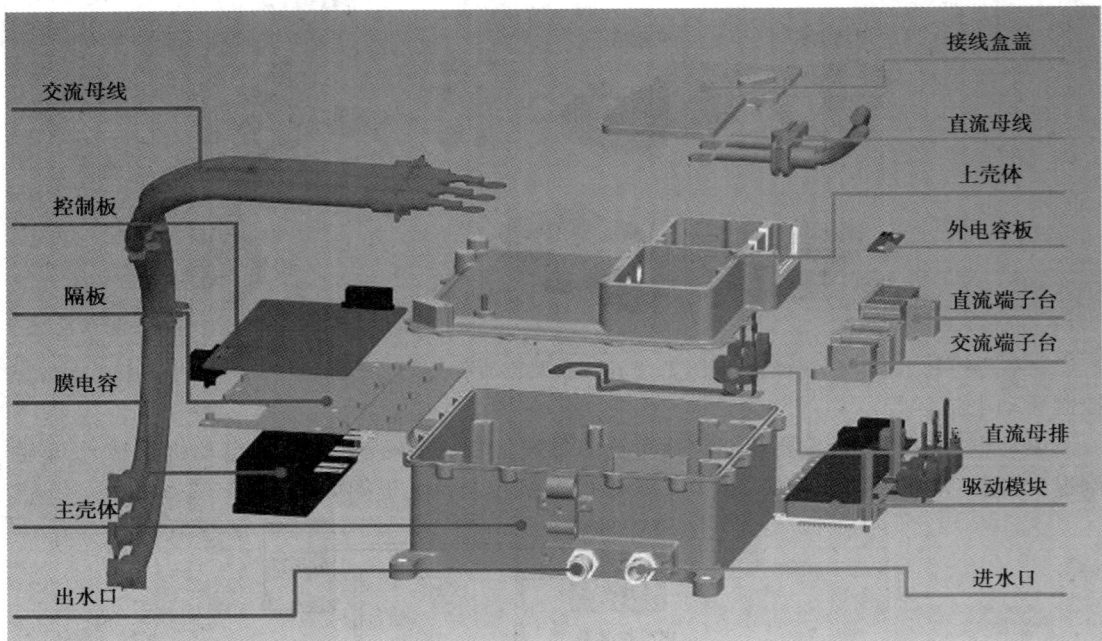

图 3-2-3　电机控制器组成

1）控制主板

控制主板与整车控制器通信监测直流母线电流控制 IGBT 模块工作状态，监控高压线束的绝缘和工作连接情况并反馈。IGBT 模块的温度信号、旋变传感器信号经过处理反馈给电机控制单元。

2）超级电容和放电电路

超级电容是一种以电场形式储存能量的无源器件。需要电机启动时，电容能够把储存的能量释出至电路。接通高压电路时给电容充电，在电机启动时保持电压的稳定，断开高压电路时，通过电阻给电容放电。放电电阻通常和电容器并联，电源波动时，电容器会随之充放电。当控制器带动的电机或放电电路故障，有可能会导致高压断电。

3）IGBT 模块

绝缘栅双极型晶体管，简称 IGBT，是由双极型晶体管和绝缘栅型场效应管组成的复合全控型电压驱动式功率半导体器件，兼有金属-氧化物半导体场效应晶体管的高输入阻抗和积塔半导体的低导通压降两方面的优点。积塔半导体饱和压降低，载流密度大，但驱动电流较大；MOSFET 驱动功率很小，开关速度快，但导通压降大，载流密度小。IGBT 综合了以上两种器件的优点，驱动功率小而饱和压降低，是电机控制器电压变换与传输的核心器件。

4）DC/DC 变换器

一般的驱动电机控制器内部集成 DC/DC 变换器。其功能是将动力电池的高压电变换为低压电，为整车低压系统供电。

5）冷却器

电机控制器主要发热部件是功率半导体元件 IGBT 和快速恢复二极管，简称 FRD，需要对其进行高效率的冷却。冷却方式分为风冷和水冷两种方式，大功率逆变器一般采用的是水冷方式。功率半导体元器件的冷却是借助动力模块内部绝缘印制电路板和散热板，通过冷却器冷却。因此，降低热阻与提高冷却器能力至关重要。

3．驱动电机控制器的主要功能

驱动电机控制器主要功能如下：

（1）加速/减速。

（2）控制电机正转（前进）。

（3）控制电机反转（倒车）。

（4）能量回收（交流转换直流）。

（5）驻坡（防溜车）。

（6）通信和保护：驱动电机控制器另一个重要功能是通信和保护，实时进行状态和故障检测，保护驱动电机系统，实现故障反馈。

4．驱动电机控制器原理及工作模式

1）工作原理

驱动电机控制器的整车控制器（Vehicle Contrd Unit，简称 VCU）VCU 根据加速踏板、制动踏板、挡位等信号给电机控制器发送指令；电机控制器控制电机执行 VCU 指令并反馈驱动电机系统运行情况；电机控制器负责监控管理驱动电机系统运行安全，如图 3-2-4 所示。

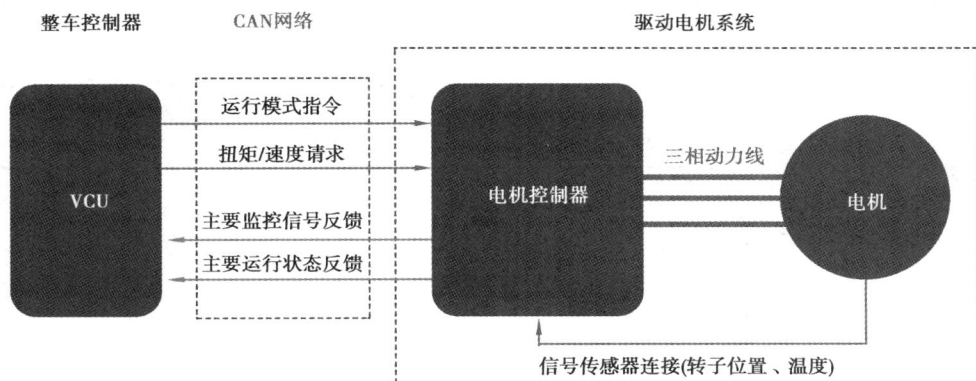

图 3-2-4　驱动电机控制器工作原理

2）驱动电机控制器具有以下 5 种工作模式

（1）转矩控制模式。驱动电机控制器控制电机轴向四象限的转矩。由于没有转矩传感器，转矩指令（由整车控制器发送）被转换成为电流指令，并进行闭环控制。转矩控制模式只有在获得正确的初始偏移角度时才能进行工作。

（2）静态模式。在驱动电机控制器处于被动状态（待机状态）或故障状态时被激活。

（3）主动放电模式。主动放电用于高压直流端电容的快速放电，主动放电指令来自整车控制器的指令或由驱动电机控制器内部故障触发。

（4）DC/DC 直流变换模式。驱动电机控制器中的 DC/DC 变换器将高压直流端的高压变换成指定的直流低压(12V 低压系统)，低压设定值来自整车控制器指令。

（5）系统诊断模式。当故障发生时，软件根据故障级别使驱动电机控制器进入安全状态或限制状态。

六、学习任务练习单

驱动电机控制检查维护保养	学习任务练习单	班级： 姓名：

1. 填空题

（1）驱动电机控制器主要由_____、_____、_____组成。

（2）驱动电机控制器具有以下工作模式_____、_____、_____、_____。

2. 简述题

（1）驱动电机控制器工作原理。

_____

_____

_____

_____

（2）控制主板作用。

_____

_____

_____

_____

任务 3.3　驱动电机冷却系统检查保养

一、任务目标

1. 知识目标

(1) 掌握驱动电机冷却系统的作用。

(2) 掌握驱动电机冷却系统的结构与工作原理。

(3) 熟悉数字电流钳和数字万用表。

(4) 了解驱动电机冷却系统的检查保养。

2. 技能目标

(1) 能够正确对车辆进行下电。

(2) 能够正确使用绝缘电阻表。

(3) 能够正确使用数字万用表。

(4) 能够正确使用各种绝缘维修工具。

3. 素养目标

(1) 能够在工作过程中与小组其他成员合作、交流，养成团队合作意识，锻炼沟通能力。

(2) 养成 7S 的工作习惯，遵循企业文化。

(3) 弘扬工匠精神，宣扬社会主义核心价值观，培养学生奋发图强的爱国主义精神。

(4) 强化节约与环保意识。

二、任务定位

任务定位见表 3-3-1 所示。

表 3-3-1　任 务 定 位

【新能源汽车维护与保养】强化项目表																
工作	一				二				三				四			
职业功能	新能源汽车安全防护				充电系统检查保养				驱动电机系统检查保养				动力电池及管理系统检查保养			
任务分解要项	1	2	3	4	5	6	7	8	9	10	11	12	13	14	15	16
培训项目	资料数据参数	仪器量具使用	拆装量具调试	用电安全防护与安全生产	维修检测设备安全使用	高压用电作业安全规范	举升设备使用维护保养	充电桩安装与供电规范	车载充电机检查保养	车辆充电接口检查保养	车载充电系统检查保养	驱动电机系统检查保养	驱动电机控制系统检查保养	驱动电机冷却系统检查保养	减速传动机构检查保养	动力电池系统检查保养	动力电池绝缘系统检查保养	电池模组及管理器检查保养	动力电池热管理系统检查保养
技能知识	4				4				4				4			
单组时间	3	3	3	3	3	3	3	3	3	3	3	3	3	3	3	

三、设备与工具清单

设备与工具清单见表 3-3-2。

表 3-3-2 设备与工具清单

任务	作业项目	设备与工具清单
驱动电机冷却系统检查保养	1. 冷却液液位检查 2. 冷却液冰点检查 3. 驱动冷却液管路检查 4. 驱动电机冷却液更换 5. 电动冷却液泵更换	1. 整车、举升机 2. 维修工具、工具箱、零件盒 3. 绝缘防护套装(人员和场地) 4. 绝缘测量仪器(钳形万用表、绝缘电阻测试仪等) 5. 电脑、维修手册

驱动电机冷却液的更换方法　　驱动电机冷却系统的检查与保养　　减速传动机构的拆卸与安装

四、作业项目

驱动电机冷却系统检查保养

1. 工作情境描述

李先生驾驶的深蓝 SL03(纯电版),踩下制动踏板后车辆能够上高压电且能够正常运行。但在车辆正常运行一段时间后,踩加速踏板车辆无法加速,同时仪表左侧限功率指示灯亮,而其他功能正常。请你根据维修手册及技术标准完成对驱动电机冷却系统的检查与维护。

2. 作业设备工具

长安 SL03 轿车、绝缘防护用具、绝缘测量工具、电脑、维修手册。

3. 作业准备

检查车辆在工位停放是否周正、准备车内和车外防护套装。

4. 作业步骤

1)专用工具的准备

(1)检修仪器,部分车型配备有专门的检修仪器,如 Prius 配备有智能测试仪。

(2)常用仪表,如电压表、欧姆表、绝缘测试仪等。

(3)专用工具,如螺丝刀、扳手等,这些常用工具必须有绝缘措施。

(4)常用物料,如绝缘胶带、扎带等。

2)个人防护

电动汽车使用高压电路,在检修前必须做好以下个人防护措施:

(1)佩戴绝缘手套。

(2)穿防护鞋、工作服等。

（3）手腕、身上不能佩戴金属物件，如金银手链、戒指、手表、项链等物品。

3）注意事项

电动汽车系统使用高压电路，不正确的操作可能导致电击或漏电。所以，在检修过程中拆卸、检查、更换零件时，必须注意下列事项：

（1）操作高压系统时断开电源。断开电源时须注意，通常断开高压或辅助电源，系统内故障诊断代码有可能会被清除，所以须首先检查读取故障代码后再断开电源。

（2）按下钥匙锁车键或点击中控屏幕中"爱车与维护"中"一键下电"将整车下电，点击车机上"安全与维护"界面。

（3）将小电瓶负极端搭铁取下。

（4）按下电池端直流母线接插件卡扣后拔下直流母线接插件。

（5）打开高压盒上盖测量直流电压：高压正对机壳电压、高压负对机壳、电压高压回路上电压低于 36 V，若电压大于 36 V，需放置一段时间，直至测得电压低于 36 V 安全电压方可进行下一步操作。

（6）断开电源后放置车辆 5 min，需要对车辆系统内的高压电容器进行放电。

（7）佩戴绝缘手套，并确保绝缘手套没有破损（注意：不要戴湿手套）。

（8）高压电路的线束和连接器通常为橙色，高压零部件通常贴有"高压"警示，操作这些线束和附件时需要特别注意。

（9）对高压系统进行操作时，在旁边放置"高压工作，请勿靠近"的警告牌。

（10）不要携带任何类似卡尺或测量卷尺等的金属物体，因为这些物件可能掉落从而引起短路。

（11）拆下任何高压配线后，立刻用绝缘胶带将其绝缘。

（12）一定要按规定扭矩将高压螺钉端子拧紧，扭矩不足或过量都会导致故障。

（13）完成对高压系统的操作后，应再次确认在工作台周围没有遗留任何零件或者工具以及确认高压端子已经拧紧并和连接器连接。

注意：

（1）检查驱动电机绝缘性时一定要断开高低压电，断开插接件时注意安全。

（2）对纯电动汽车高压部件进行维护作业前，必须做好高压安全防护准备。

4）驱动电机系统检查保养

驱动电机系统检查保养见表 3-3-3。

表 3-3-3　驱动电机系统检查保养

操作示意图	操作步骤	是否完成
（1）检查冷却系统管路及卡箍。		
	检查冷却系统各管路及各零部件有无泄漏情况，卡箍有无松动	是□　　否□

操作示意图	操 作 步 骤	是否完成
（2）检查散热器。		
	检查散热器翘片是否有变形，散热片是否有碎屑堆积，如有，须进行清洗 　　注意：严禁使用高压水枪对散热片进行喷水清洗	是□　　否□
（3）检查电动水泵。		
	检查水泵接口是否有泄漏，是否存在异响，检查水泵线束是否老化	是□　　否□
（4）检查冷却液液位高度。		
	检查冷却液液位高度需将车辆停放在水平路面上，应在电机、高压电控总成降温后检查	是□　　否□
（5）更换冷却液。		
	排放： （1）关闭点火开关，关闭所有用电器 （2）旋出低温膨胀水箱盖 （3）将用于收集冷却液的容器放置车辆底部 （4）旋出散热器橡胶塞，将冷却液放出 加注： （1）安装散热器橡胶塞并拧紧 （2）规范添加冷却液 （3）打开点火开关，连接诊断仪，选择启动 HEV 电动水泵，将系统内的空气排出 （4）再次检查冷却液是否到膨胀水箱的上部标记 MAX 处，必要时添加冷却液	是□　　否□

5）场地整理

按 7S 标准进行场地整理。

行业小知识

驱动电机系统维护周期：日常维护：1～2 次/周。定期维护：半年或 10 000 km。

5. 任务工作单

1）制订计划

根据新能源汽车电驱系统检测与维护任务要求，制订电动汽车驱动电机冷却系统检查与维护计划。计划表见 3-3-4。

表 3-3-4　电动汽车驱动电机冷却系统检查与维护计划

序　号	作业项目	操作要点
计划审核	审核意见：　　　　　　　　　　　　　　　　　　年　　月　　日　签字：	

2）小组分工

根据任务计划完成小组分工，见表 3-3-5。

表 3-3-5　小 组 分 工

主要操作人员		记录人员	
协助操作人员		审核人员	
仪器设备、工具、耗材			
序号	名　　称	数量	是否清点
1			是□　　　否□
2			是□　　　否□
3			是□　　　否□
4			是□　　　否□
5			是□　　　否□
6			是□　　　否□
7			是□　　　否□
8			是□　　　否□
9			是□　　　否□
10			是□　　　否□

6. 作业任务总结

_____

_____

_____

_____

_____

_____

_____

_____

7. 驱动电机冷却系统检查保养作业评分表

驱动电机冷却系统检查保养作业评分表见表 3－3－6。

表 3－3－6　驱动电机冷却系统检查保养作业评分表

考核项目	评 分 标 准	分值	得分
任务导入	明确工作任务，理解任务在工作中的重要程度	5	
知识要点	驱动电机日常与周期保养及检测	10	
任务计划	制订电动汽车驱动电机冷却系统检查与维护计划	10	
	能协同小组人员安排任务分工	5	
	能在实施前准备好所需要的工具器材	5	
任务实施	规范的进行高压系统下电	8	
	规范进行电动汽车驱动电机冷却系统的外观检查并清洁	8	
	规范进行电动汽车驱动电机冷却系统的性能检查	10	
	恢复供电后，检测故障	10	
	规范读取驱动电机数据流	10	
	清点工具，打扫场地	5	
任务检查	学生任务完成，操作过程规范	10	
任务评价	学生能对自身表现情况进行客观评价	2	
	学生在任务实施过程中发现自身问题	2	
得分（满分 100）			

五、相关知识

1. 冷却的定义

电动汽车在驱动与回收能量的工作过程中，驱动电机定子铁芯、定子绕组在运动过程中都会产生损耗，这些损耗以热量的形式向外扩散，需要有效的冷却介质及冷却方式来带走热量，保证电机在一个稳定的、冷热循环平衡的通风系统中安全可靠运行。这个散发热量的过程叫作冷却。驱动电机的冷却示意图如图 3-3-1 所示。

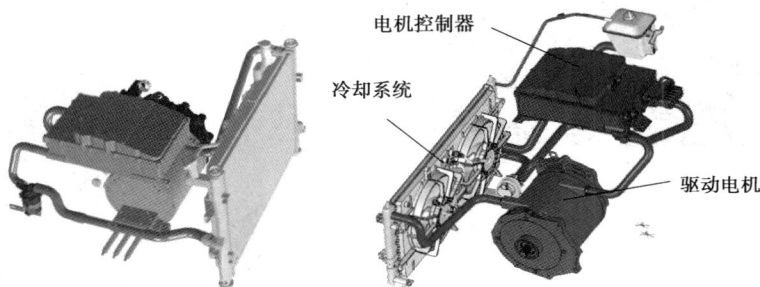

图 3-3-1 驱动电机的冷却示意图

2. 冷却系统的作用

纯电动汽车冷却系统的主要作用是降低驱动电机、高压电控总成及车载充电机产生的热量，保证车辆各部件在规定的温度内稳定、高效工作。

冷却系统由主控制器进行控制，通过冷却液温度传感器监测系统温度，并且参考空调请求状态共同对冷却风扇进行控制，确保各系统在正常温度下工作。

3. 驱动电机的主要冷却方式

驱动电机的主要冷却方式有自然冷却、风冷和水冷。

1）自然冷却

自然冷却依靠电机铁芯自身的热传递，散去电机产生的热量，热量通过封闭的机壳表面传递给周围介质，其散热面积为机壳的表面积。为增加散热面积，机壳表面可加冷却筋。自然冷却式驱动电机如图 3-3-2 所示。

图 3-3-2 自然冷却式驱动电机

2) 风冷

风冷是电机自带同轴风扇来形成内风路循环或外风路循环，通过风扇产生足够的风量，带走电机所产生的热量。散热介质为电机周围的空气，空气直接送入电机内，吸收热量后向周围环境排出。风冷式驱动电机如图3-3-3所示。

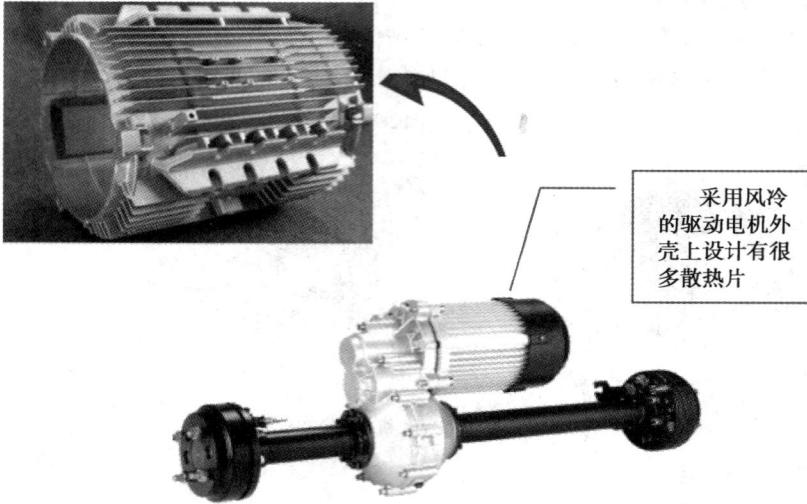

采用风冷的驱动电机外壳上设计有很多散热片

图3-3-3 风冷式驱动电机

3) 水冷

水冷是将水(冷却液)通过管道和通路引入定子或转子空心导体内部，通过水(冷却液)的不断循环流动，带走电机转子和定子产生的热量，实现对电机的冷却功能。水冷式驱动电机如图3-3-4所示。

图3-3-4 水冷式驱动电机

4. 冷却系统的组成

纯电动汽车冷却系统主要由电动水泵、散热器、电动风扇、膨胀水箱和冷却液等组成。

（1）电动水泵。电动水泵是冷却液循环的动力元件，如图 3-3-5 所示，作用是对冷却液进行加压，促使冷却液在冷却系统循环，带走系统散发的热量。

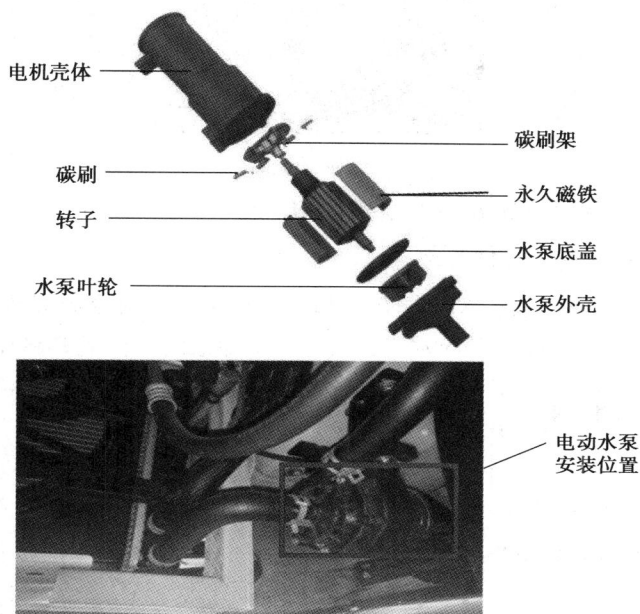

电机壳体　　　　　　　　　　　　　　　　碳刷架

碳刷　　　　　　　　　　　　　　　　　永久磁铁

转子　　　　　　　　　　　　　　　　　水泵底盖

水泵叶轮　　　　　　　　　　　　　　　水泵外壳

电动水泵安装位置

图 3-3-5　电动水泵

（2）电动风扇。电动风扇置于散热器的后面，如图 3-3-6 所示。作用是通过旋转风扇吸进空气使其通过散热器，提高流经散热器的空气流速和流量，提高冷却性能，使电机和高压电控总成能在规定的温度下正常工作。电动风扇由整车控制器控制风扇的运行。

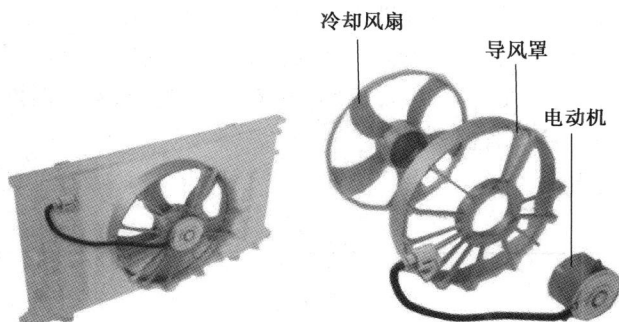

冷却风扇

导风罩

电动机

图 3-3-6　电动风扇

（3）膨胀水箱。膨胀水箱为冷却系统冷却液的排气、膨胀和收缩提供受压容积，也作为冷却液的加注口，如图 3-3-7 所示。

图 3 - 3 - 7　膨胀水箱

（4）冷却液。冷却液具有防腐蚀、防水垢和防冻结等作用。

5. 驱动电机冷却系统的工作原理

驱动电机冷却系统使用电动水泵提高冷却液的压力，强制冷却液在电动水泵、驱动电机、电机控制器、散热器之间循环流动。驱动电机冷却系统水循环路线如图 3 - 3 - 8 所示。

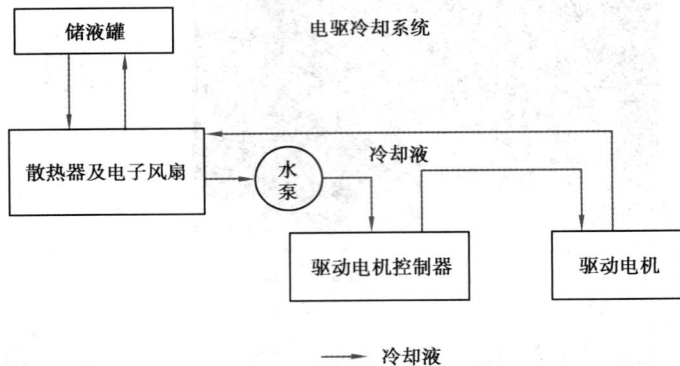

图 3 - 3 - 8　驱动电机冷却系统水循环路线

如图 3 - 3 - 8 所示，冷却液的流向是从散热水箱下部出来后，经水泵后先冷却电动机控制器，从电动机控制器流出的冷却液进入车载充电机低位进水口，然后流出到驱动电动机的冷却管路中，最后回流到散热水箱的上回流口，形成水循环系统。冷却过程中，冷却液会因为温度升高而膨胀，溢出的冷却液经过溢流管进入膨胀水箱。温度下降时，冷却液由膨胀水箱经过三通阀进入冷却管路。

六、学习任务练习单

驱动电机检查维护保养	学习任务练习单	班级：
		姓名：

1. 填空题

（1）驱动电机主要冷却方式有_____、_____。

（2）纯电动汽车冷却系统主要由_____、_____、_____组成。

2. 简述题

（1）冷却系统的作用。

_____

_____

_____

_____

（2）冷却系统的工作原理。

_____

_____

_____

_____

任务 3.4 减速传动机构检查保养

一、任务目标

1. 知识目标

（1）掌握新能源汽车减速器的功能及安装位置。

（2）了解常见减速器的类型。

（3）掌握减速器不同故障的处理措施。

（4）熟悉数字电流钳和数字万用表。

（5）了解新能源汽车减速器的检查保养。

2. 技能目标

（1）能够正确对车辆进行下电。

（2）能够正确使用绝缘电阻表。

（3）能够正确使用数字万用表。

（4）能够正确使用各种绝缘维修工具。

3. 素养目标

（1）能够在工作过程中与小组其他成员合作、交流，养成团队合作意识，锻炼沟通能力。

（2）养成 7S 的工作习惯，遵循企业文化。

（3）弘扬工匠精神，宣扬社会主义核心价值观，培养学生奋发图强的爱国主义精神。

（4）强化节约与环保意识。

二、任务定位

任务定位见表 3-4-1。

表 3-4-1 任 务 定 位

【新能源汽车维护与保养】强化项目表																			
工作			一				二				三				四					
职业功能			新能源汽车安全防护				充电系统检查保养				驱动电机系统检查保养				动力电池及管理系统检查保养					
任务分解要项			1	2	3	4	5	6	7	8	9	10	11	12	13	14	15	16		
培训项目	资料数据参数	仪器量具使用	拆装量具调试	用电安全防护与安全生产	维修检测设备安全使用	高压用电作业安全规范	举升设备使用维护保养	充电桩安装与供电规范	车载充电机检查保养	车辆充电接口检查保养	车载充电系统检查保养	驱动电机系统检查保养	驱动电机控制系统检查保养	驱动电机冷却系统检查保养	减速传动机构检查保养	动力电池系统检查保养	动力电池绝缘系统检查保养	电池模组及管理器检查保养	动力电池热管理系统检查保养	
技能知识			4				4				4				4					
单组时间	3	3	3	3	3	3	3	3	3	3	3	3	3	3	3	3				

三、设备与工具清单

设备与工具清单见表 3-4-2。

表 3-4-2　设备与工具清单

任务	作业项目	设备与工具清单
减速传动机构检查保养	1. 减速器外观检查 2. 减速器螺栓紧固检查 3. 减速器半轴防尘罩密封情况 4. 减速器润滑油检查和更换 5. 减速器是否有异响检查	1. 整车、举升机 2. 维修工具、工具箱、零件盒 3. 绝缘防护套装（人员和场地） 4. 绝缘测量仪器（钳形万用表、绝缘电阻测试仪等） 5. 电脑、维修手册

四、作业项目

减速传动机构检查保养

减速传动机构的检查与保养

1. 工作情境描述

李先生驾驶的长安深蓝 SL03（纯电版）汽车近期发现减速器部件附近有油渍现象，需要进入 4S 店维护。作为技术员，请你根据维修手册及技术标准完成对减速器的检查与维护。

2. 作业设备工具

长安深蓝 SL03 轿车、绝缘防护用具、绝缘测量工具、电脑、维修手册。

3. 作业准备

检查车辆在工位是否停放周正，准备车内和车外防护套装。

4. 作业步骤

1）专用工具的准备

（1）检修仪器，部分车型配备有专门的检修仪器，如 Prius 配备有智能测试仪。

（2）常用仪表，如电压表、欧姆表、绝缘测试仪等。

（3）专用工具，如螺丝刀、扳手等，这些常用工具必须有绝缘措施。

（4）常用物料，如绝缘胶带、扎带等。

2）个人防护

电动汽车使用高压电路，在检修前必须做好以下个人防护措施：

（1）佩戴绝缘手套。

（2）穿防护鞋、工作服等。

（3）手腕、身上不能佩戴金属物件，如金银手链、戒指、手表、项链等物品。

3）注意事项

电动汽车系统使用高压电路，不正确的操作可能导致电击或漏电。所以，在检修过程中拆卸、检查、更换零件时，必须注意下列事项：

（1）操作高压系统时须断开电源。由于断开高压或辅助电源时系统内故障诊断代码有可能会被清除，所以须先检查读取故障代码后再断开电源。

（2）按下钥匙锁车键或点击中控屏幕中"爱车与维护"中"一键下电"，将整车下电，点击车机上"安全与维护"界面。

（3）将小电瓶负极端搭铁取下。

（4）按下电池端直流母线接插件卡扣，拔下直流母线接插件。

（5）打开高压盒盖，测量直流电压。高压正对机壳电压、高压负对机壳电压、高压回路上电压须低于 36 V，若电压大于 36 V，须放置一段时间，直至测得电压低于 36 V 安全电压方可进行下一步操作。

（6）断开电源后放置车辆 5 min，需要对车辆系统内的高压电容器进行放电。

（7）佩戴绝缘手套，并确保绝缘手套没有破损（注意：不要戴湿手套）。

（8）高压电路的线束和连接器通常为橙色，高压零部件通常贴有"高压"警示，操作这些线束和附件时需要特别注意。

（9）对高压系统进行操作时，在旁边放置"高压工作，请勿靠近"的警告牌。

（10）不要携带任何类似卡尺或测量卷尺等的金属物体，因为这些物件可能掉落从而引起短路。

（11）拆下高压配线后，应立刻用绝缘胶带将其绝缘。

（12）一定要按规定扭矩将高压螺钉端子拧紧。扭矩不足或过量都会导致故障。

（13）完成对高压系统的操作后，应再次确认在工作台周围没有遗留任何零件或者工具，以及确认高压端子已经拧紧并和连接器连接。

注意：

（1）检查驱动电机绝缘性时一定要断开高低压电，断开插接件时注意安全。

（2）对纯电动汽车高压部件进行维护作业前，必须做好高压安全防护准备。

4）驱动电机系统检查保养

驱动电机系统检查保养见表 3－4－3。

表 3－4－3　驱动电机系统检查保养

操作示意图	操作步骤	是否完成
（1）检查减速器外观。		
	检查并清洁减速器的外观	是□　　否□
	检查减速器是否有磕碰、漏油情况	是□　　否□

操作示意图	操作步骤	是否完成
（2）检查紧固减速器螺栓。		
	减速器通过 10 颗螺栓与驱动电机连接，拧紧力矩为 25 N·m。与车身连接的螺栓拧紧力矩为 45 N·m	是□　　否□
（3）检查减速器半轴防尘罩密封情况。		
	检查减速器半轴防尘罩有无破损、润滑脂泄漏，防尘罩卡箍有无松动情况	是□　　否□
（4）减速器无动力输出。		
	拆卸电机与减速器连接，检查花键是否磨损	是□　　否□

5）场地整理

按 7S 标准进行场地整理。

行业小知识

通常，在汽车行驶 3000 km 或 3 个月后需要对减速器进行保养，更换润滑油。

5. 任务工作单

1）制订计划

根据新能源汽车电驱系统检测与维护任务要求，制订电动汽车减速传动机构检查与维护计划，见表 3-4-4。

表 3 - 4 - 4　电动汽车减速传动机构检查与维护计划

序　号	作业项目	操 作 要 点
计划审核	审核意见： 　　　　　　　　　　　年　　月　　日　　签字：	

2）小组分工

根据任务计划完成小组分工，见表 3 - 4 - 5。

表 3 - 4 - 5　小 组 分 工

主要操作人员		记录人员	
协助操作人员		审核人员	
仪器设备、工具、耗材			
序号	名　　称	数　　量	是否清点
1			是□　　　否□
2			是□　　　否□
3			是□　　　否□
4			是□　　　否□
5			是□　　　否□
6			是□　　　否□
7			是□　　　否□
8			是□　　　否□
9			是□　　　否□
10			是□　　　否□

6. 作业任务总结

7. 减速传动机构检查保养

减速传动机构检查保养作业评分表见表 3-4-6。

表 3-4-6   减速传动机构检查保养作业评分表

考核项目	评分标准	分值	得分
任务导入	明确工作任务,理解任务在工作中的重要程度	5	
知识要点	驱动电机减速器日常与周期保养及检测	10	
任务计划	制订电动汽车驱动电机减速器检查与维护计划	10	
	能协同小组人员安排任务分工	5	
	能在实施前准备好所需要的工具器材	5	
任务实施	规范的进行高压系统下电	8	
	规范进行驱动电机减速器的外观检查并清洁	8	
	规范进行驱动电机减速器的性能检查	10	
	恢复供电后,检测故障	10	
	规范读取驱动电机数据流	10	
	清点工具,打扫场地	5	
任务检查	学生任务完成,操作过程规范	10	
任务评价	学生能对自身表现情况进行客观评价	2	
	学生在任务实施过程中发现自身问题	2	
得分(满分 100)			

五、相关知识

1. 传动系

发动机、电机与驱动轮之间传递动力的所有零部件总称为传动系。

1）传动系构造与功能

构造：一般由发动机、离合器、变速器、减速器、差速器和传动轴等组成，汽车的动力靠传动系传递到驱动车轮，如图3-4-1所示。

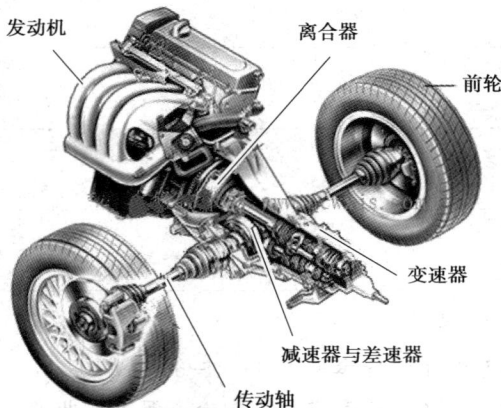

图3-4-1　传动系统构造

功能：传动系具有减速、变速、倒车、中断动力、轮间差速和轴间差速等功能，与电机（发动机）配合工作，能保证汽车在各种工况条件下的正常行驶，并具有良好的动力性和经济性。

2）传动系的作用

传动系的作用是将动力总成发出的动力传给汽车的驱动车轮，产生驱动力，使汽车能以一定的速度行驶。

2. 减速器

1）减速器构造及其功能

构造：电动汽车减速器构造如图3-4-2所示，将减速器与差速器合二为一，制作在一个壳体中。电动机的高速运动，通过中间齿减速增扭后传递给差速器，再由差速器通过万向传动轴带动车轮，驱动车辆运动。电动汽车减速器构造和电机在车上的安装位置如图3-4-2所示。

图3-4-2　电动汽车减速器构造及安装位置

功能：减速器负责把电动机、内燃机或其他高速运转的机器动力通过其输入轴传递给其上的小齿轮，再通过小齿轮啮合输出轴上的大齿轮，达到减速增扭的目的。

2）减速器的工作原理

在车辆制动时，减速器会将衔接齿轮传来的扭矩传递给发动机，降低转速，从而使车辆减速。更具体地说，当车辆行驶时，各个轮子的转动带动了差速器和牵引轴的转动，差速器通过衔接齿轮将转动的力量传递给减速器的输入齿轮。减速器的输入齿轮与输出齿轮相衔接，当输入齿轮转动时，会带动输出齿轮转动。输出齿轮将动力传递给发动机后，会引起发动机速度的降低，从而使车辆减速。减速器的工作原理如图 3-4-3 所示。

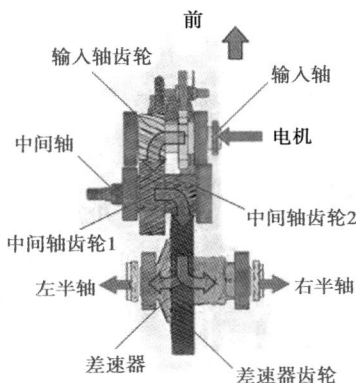

图 3-4-3　减速器的工作原理图解

六、学习任务练习单

驱动电机检查维护保养	学习任务练习单	班级：
		姓名：

1．直流电动机常用的调速方法有改变电枢电路外串_____、改变_____和改变_____。

2．交流异步电动机常用的调速方法有_____、改变极对数、_____。

3．自动调速系统的动态技术指标为最大超调量、过渡过程时间、_____。

4．单闭环直流调速系统，放大器采用比例调节器，则该系统是一个_____。

5．机电传动系统的发展经历了_____、_____和_____三个阶段。

6．传动系构造。

7. 减速器结构。

模块 4　动力电池及管理系统检查保养

任务 4.1　动力电池系统检查保养

一、任务目标

1. 知识目标

（1）了解电池的种类。

（2）了解绝缘电阻表的作用。

（3）熟悉数字电流钳和数字万用表。

（4）了解动力电池的检查保养。

2. 技能目标

（1）能够正确对车辆进行下电。

（2）能够正确使用绝缘电阻表。

（3）能够正确使用数字万用表。

（4）能够正确使用各种绝缘维修工具。

3. 素养目标

（1）能够在工作过程中与小组其他成员合作、交流，养成团队合作意识，锻炼沟通能力。

（2）养成 7S 的工作习惯，遵循企业文化。

（3）弘扬工匠精神，宣扬社会主义核心价值观，培养学生奋发图强的爱国主义精神。

（4）强化节约与环保意识。

二、任务定位

任务定位见表 4-1-1。

表 4-1-1 任务定位

【新能源汽车维护与保养】强化项目表																					
培训项目	工作	一					二					三					四				
	职业功能	新能源汽车安全防护					充电系统检查保养					驱动电机系统检查保养					动力电池及管理系统检查保养				
	任务分解要项	1	2	3	4		5	6	7	8		9	10	11	12		13	14	15	16	
	资料数据参数 仪器量具使用 拆装量具调试	用电安全防护与安全生产	维修检测设备安全使用	高压用电作业安全规范	举升设备使用维护保养		充电桩安装与供电规范	车载充电机检查保养	车辆充电接口检查保养	车载充电系统检查保养		驱动电机系统检查保养	驱动电机控制检查保养	驱动电机冷却系统检查保养	减速传动机构检查保养		动力电池系统检查保养	动力电池绝缘系统检查保养	电池模组及管理器检查保养	动力电池热管理系统检查保养	
	技能知识	4					4					4					4				
	单组时间	3	3	3	3		3	3	3	3		3	3	3	3		3	3	3	3	

三、设备与工具清单

设备与工具清单见表 4-1-2。

表 4-1-2 设备与工具清单

任务	作业项目	设备与工具清单
动力电池系统维护检查保养	1. 检查插接器与紧固件情况 2. 模组连接件检查 3. 动力电池内部温度采集点检查 4. 动力电池内部除尘 5. 动力电池密封检查 6. 高低压插接器可靠性检查	1. 整车、举升机 2. 维修工具、工具箱、零件盒 3. 绝缘防护套装(人员和场地) 4. 绝缘测量仪器(钳形万用表、绝缘电阻测试仪等) 5. 电脑、维修手册

动力电池的拆装与检测　　动力电池的检查与保养

四、作业项目

动力电池系统检查保养

1. 工作情境描述

一辆长安 SL03，车辆行驶里程为 20 000 km，车主到店做日常维护保养与检查，车主

反映由于该车经常走山路，一直未检查过插接器和紧固件的情况，于是提出让维修技师重点检查高低压插接器和紧固件的状况。

2．作业设备工具

长安 SL03 轿车、绝缘防护用具、绝缘测量工具、电脑、维修手册。

3．作业准备

检查车辆在工位停放是否周正、准备车内和车外防护套装。

4．作业步骤

作业步骤见表 4-1-3。

表 4-1-3　作 业 步 骤

（1）动力电池检测前，进行高压系统下电。		
	下电准备工作	
	是否安全下电	是□　　　否□
	动力电池外观检查	
	检查壳体是否损坏	是□　　　否□
（2）动力电池周期保养。		
	检查高压线束是否受到挤压	是□　　　否□
	检查高压线束是否老化破损	是□　　　否□
（3）动力电池检测前，进行高压系统下电。		
	使用扭力扳手是否按照规定力矩补充扭矩	是□　　　否□

	动力电池绝缘检查（佩戴防护工具）	是□ 否□
	检查绝缘电阻时是否单手检测	是□ 否□

（4）恢复动力电池高压插件。

	检查插件是否变形、老化、破损	是□ 否□
	恢复插件后，检查连接是否牢固	是□ 否□

（5）恢复供电。

	仪表界面指示灯是否正常	是□ 否□

完成以上作业后，按 7S 标准进行场地整理。

行业小知识

车辆行驶至 10 000 km 时需对车辆动力电池系统检查保养，检查时务必佩戴绝缘防护套装。

5. 任务工作单

1）制订计划

根据新能源汽车动力电池检测与维护任务要求，制订电动汽车动力电池检查与维护计划，见表 4-1-4。

表 4-1-4　电动汽车动力电池检查与维护计划

序　号	作业项目	操　作　要　点
计划审核	审核意见： 　　　　　　　　　　年　　月　　日　　签字：	

2）小组分工

根据任务计划完成小组分工，见表 4-1-5。

表 4-1-5　小 组 分 工

主要操作人员		记录人员	
协助操作人员		审核人员	
仪器设备、工具、耗材			
序号	名　　称	数量	是否清点
1			是□　　　否□
2			是□　　　否□
3			是□　　　否□
4			是□　　　否□
5			是□　　　否□
6			是□　　　否□
7			是□　　　否□
8			是□　　　否□
9			是□　　　否□
10			是□　　　否□

6. 作业任务总结

_____

_____

_____

_____

_____

_____

_____

_____

7. 动力电池系统检查保养作业评分表

动力电池系统检查保养作业评分表见表 4-1-6。

表 4-1-6 动力电池系统检查保养作业评分表

考核项目	评 分 标 准	分值	得分
任务导入	明确工作任务，理解任务在工作中的重要程度	5	
知识要点	动力电池日常与周期保养及检测	10	
任务计划	制订电动汽车动力电池检查与维护计划	10	
	能协同小组人员安排任务分工	5	
	能在实施前准备好所需要的工具器材	5	
任务实施	规范的进行高压系统下电	8	
	规范进行动力电池外观检查	8	
	规范进行动力电池绝缘监测	10	
	恢复供电后，检测故障	10	
	规范读取动力电池数据流	10	
	清点工具，打扫场地	5	
任务检查	学生任务完成，操作过程规范	10	
任务评价	学生能对自身表现情况进行客观评价	2	
	学生在任务实施过程中发现自身问题	2	
得分（满分100）			

五、相关知识

在电动汽车中为车辆提供动力源的电池，称为动力电池。它是电动汽车的核心部件，也是电动汽车上价格最高的部件之一。

动力电池的作用是接收和储存由车载充电机、发电机、制动能量回收装置或外置充电装置提供的高压直流电，并且为电动汽车提供高压直流电。

电动汽车中动力电池作为整个汽车的动力源，它取代了传动燃油汽车的内燃机，相当于电动汽车的"心脏"，为整车提供持续稳定的能量，驱动车辆行驶。

应用于电动汽车上的动力电池品种多样，经过技术发展和升级，目前在电动汽车中使用的电池主要有：铅酸电池、镍氢动力电池、锂离子动力电池，如图 4-1-1 所示。

铅酸动力电池　　　　　　　　镍氢动力电池　　　　　　　　　　锂离子动力电池

图 4-1-1 各类动力电池

其中，铅酸电池作为电动汽车的低压辅助电池，为车辆的普通低压电气系统提供低压工作用电；镍氢动力电池主要用在丰田公司的混合动力和插电式混合动力车辆上，如丰田普通混合动力凯美瑞、卡罗拉双擎、雷凌双擎等，丰田插电式混合动力车型普锐斯也使用镍氢电池；而锂离子动力电池普遍应用在纯电动汽车中，如比亚迪 e5，北汽 EV200/160、荣威 E50、长安逸动 EV、宝马 i3、吉利帝豪 EV300/450/500 等。各类型电池特点见表 4-1-7 所示。

表 4-1-7 各类电池特点

类　型	特　点	应　用
铅酸电池	成本低、技术成熟，比能量和比功率低，相对笨重	在普通汽车、电动汽车上用于低压电池
镍氢动力电池	安全性较好，寿命较长，但成本高	丰田混合动力汽车
锂离子动力电池	能量密度高，自放电率低，使用寿命长，但成本高	纯电动汽车，如比亚迪 e5、北汽 EV200/160、宝马 i3 等

六、学习任务练习单

动力电池系统检查维护保养	学习任务练习单	班级：
		姓名：

1．填空题

（1）在电动汽车中为车辆提供动力源的电池称为_____。动力电池的作用是接收和储存由_____、_____、_____或_____提供的高压直流电，并且为电动汽车提供_____。

（2）目前在电动汽车中主要有：_____、_____、_____。

2．简述题

（1）简述铅酸电池特点与应用。

_____

_____

_____

（2）简述镍氢电池特点与应用。

_____

_____

_____

（3）简述锂离子电池特点与应用。

_____

_____

_____

任务 4.2　动力电池绝缘系统检查保养

一、任务目标

1. 知识目标

（1）了解纯电动汽车高压部件。

（2）掌握纯电动汽车高压部件安全操作。

2. 技能目标

（1）掌握在新能源汽车上检查高压部件绝缘系统的方法。

（2）在高压部件绝缘检查时，能进行正确、安全的操作。

3. 素养目标

（1）能够在工作过程中与小组其他成员合作、交流，养成团队合作意识，锻炼沟通能力。

（2）养成 7S 的工作习惯，遵循企业文化。

（3）弘扬工匠精神，宣扬社会主义核心价值观，培养学生奋发图强的爱国主义精神。

（4）强化节约与环保意识。

二、任务定位

任务定位见表 4-2-1。

表 4-2-1　任 务 定 位

<table>
<tr><td colspan="18" align="center">【新能源汽车维护与保养】强化项目表</td></tr>
<tr><td colspan="2">工作</td><td colspan="4" align="center">一</td><td colspan="4" align="center">二</td><td colspan="4" align="center">三</td><td colspan="4" align="center">四</td></tr>
<tr><td colspan="2">职业功能</td><td colspan="4" align="center">新能源汽车安全防护</td><td colspan="4" align="center">充电系统检查保养</td><td colspan="4" align="center">驱动电机系统检查保养</td><td colspan="4" align="center">动力电池及管理系统
检查保养</td></tr>
<tr><td colspan="2">任务分
解要项</td><td>1</td><td>2</td><td>3</td><td>4</td><td>5</td><td>6</td><td>7</td><td>8</td><td>9</td><td>10</td><td>11</td><td>12</td><td>13</td><td>14</td><td>15</td><td>16</td></tr>
<tr><td rowspan="2">培训
项目</td><td rowspan="2">资料数据参数</td><td rowspan="2">仪器量具使用</td><td rowspan="2">拆装量具调试</td><td>用电安全防护与安全生产</td><td>维修检测设备安全使用</td><td>高压用电作业安全规范</td><td>举升设备使用维护保养</td><td>充电桩安装与供电规范</td><td>车载充电机检查保养</td><td>车辆充电接口检查保养</td><td>车载充电系统检查保养</td><td>驱动电机系统检查保养</td><td>驱动电机控制系统检查保养</td><td>驱动电机冷却系统检查保养</td><td>减速传动机构检查保养</td><td>动力电池系统检查保养</td><td>动力电池绝缘系统检查保养</td><td>电池模组及管理器检查保养</td><td>动力电池热管理系统检查保养</td></tr>
<tr><td></td><td></td><td></td><td></td><td></td><td></td><td></td><td></td><td></td><td></td><td></td><td></td><td></td><td></td></tr>
<tr><td colspan="2">技能知识</td><td colspan="4" align="center">4</td><td colspan="4" align="center">4</td><td colspan="4" align="center">4</td><td colspan="4" align="center">4</td></tr>
<tr><td colspan="2">单组时间</td><td>3</td><td>3</td><td>3</td><td>3</td><td>3</td><td>3</td><td>3</td><td>3</td><td>3</td><td>3</td><td>3</td><td>3</td><td>3</td><td>3</td><td>3</td><td>3</td></tr>
</table>

三、设备与工具清单

设备与工具清单见表4-2-2。

表4-2-2 设备与工具清单

任　务	作业项目	设备与工具清单
动力电池绝缘系统检查保养	1. 检查维修工位情况 2. 正确对车辆下电 3. 正确检查动力系统 4. 正确检查动力系统绝缘情况	1. 整车、举升机 2. 维修工具、工具箱、零件盒、手电筒 3. 绝缘防护套装（人员和场地） 4. 动力电池拆装举升平台 5. 电脑、维修手册

四、作业项目

动力电池绝缘系统检查保养

动力电池绝缘系统检查与保养

1. 工作情境描述

一辆车辆行驶里程为50 000公里的长安SL03，其车主到店想对车辆动力电池绝缘系统进行检查。

2. 作业设备工具

长安SL03轿车、动力电池拆装举升平台、手电筒、绝缘防护用具、绝缘测量工具、绝缘拆装工具、电脑、维修手册。

3. 作业准备

检查车辆在工位停放周正、准备车内和车外防护套装。

4. 作业步骤

动力电池绝缘系统检查保养，作业步骤见表4-2-3。

表4-2-3 作业步骤

操作示意图	操作步骤	是否完成
	检测动力电池正负极，检测动力电池壳体的绝缘电阻值	是□　　否□

操作示意图	操作步骤	是否完成
	检查动力电池插接件状态	是□　　否□
	检查动力电池螺栓的紧固力矩	是□　　否□
	检查动力电池冷却和保温系统	是□　　否□
	对动力电池外观进行检查并清洁	是□　　否□
	使用解码仪读取动力电池信息数据	是□　　否□

续表二

操作示意图	操作步骤	是否完成
	对驱动电机进行绝缘电阻检查	是□　　　否　□
	对驱动电机和电机控制器冷却系统进行维护检查	是□　　　否　□
	对驱动电机进行外部检查及清洁处理	是□　　　否　□

5．场地整理

按 7S 标准进行场地整理。

行业小知识

进行绝缘检查时一定要做好防护，戴好安全帽、绝缘手套、保护眼镜、绝缘鞋等防护用品。

6．任务工作单

1）制订计划

根据电动汽车绝缘系统基本检测与维护任务要求，制订计划见表 4 - 2 - 4。

表 4-2-4　电动汽车绝缘系统检测计划

序　　号	作业项目	操　作　要　点
计划审核	审核意见： 　　　　　　　　　　　　年　　月　　日　　签字：	

2）小组分工

根据任务计划完成小组分工，见表 4-2-5。

表 4-2-5　小　组　分　工

主要操作人员		记录人员	
协助操作人员		审核人员	
仪器设备、工具、耗材			
序号	名　　称	数　　量	是否清点
1			是□　　否□
2			是□　　否□
3			是□　　否□
4			是□　　否□
5			是□　　否□
6			是□　　否□
7			是□　　否□
8			是□　　否□
9			是□　　否□
10			是□　　否□

7. 作业任务总结

_____

_____

_____

_____

_____

_____

8. 动力电池绝缘系统检查保养作业评分表

动力电池绝缘系统检查保养作业评分表见表 4 - 2 - 6。

表 4 - 2 - 6 动力电池绝缘系统检查保养作业评分表

项　目	评 分 标 准	分值	得分
任务导入	明确工作任务，理解任务在工作中的重要程度	5	
知识要点	了解纯电动汽车维护保养的要求	10	
	熟悉电动汽车高压作业个人防护用具及维修工具	10	
任务计划	按照纯电动汽车保养维护要求制订纯电动汽车维护保养作业计划	10	
	能协同小组人员安排任务分工	5	
	能在实施前准备好所需要的工具器材	5	
任务实施	制订动力电池系统维护保养项目计划	4	
	制订动力电池系统检查项目计划	4	
	制订电气与电控系统维护保养项目计划	4	
	制订电池系统绝缘检查项目计划	4	
	制订驱动电机系统绝缘检查项目计划	5	
	制订电气与电控系统绝缘检查项目计划	4	
	制订团队作业项目计划	4	
	制订绝缘检查团队分工项目计划	4	
	制订正确安全检查防护项目计划	4	
任务检查	学生任务完成，操作过程规范	10	
任务评价	学生能对自身表现情况进行客观评价	4	
	学生在任务实施过程中发现自身问题	4	
得分（满分 100）			

五、相关知识

1. 认识直流母线

纯电动汽车的高电压组件壳体上都带有一个标记，售后服务人员或车主均可通过标记直观看出高电压可能带来的危险，所用警示牌基于国际标准危险电压警示标志。高压警示标识采用黄色底色或红色底色，图形上布置有高压触电国家标准符号。

由于高压导线可能有几米长，因此在一处或两处通过警示牌标记意义不大。售后服务人员可能会忽视这些标牌。目前，车企用橙色警示色标记出所有高压导线，高压导线的某些插接器以及高压安全插接器也采用橙色设计。

2. 纯电动汽车高压部件名称

纯电动汽车与混合动力汽车都设计有高压电部分。纯电动汽车高压部件主要分布在车辆底部和前舱。高压部件主要包括电机控制器、高压配电箱、车载充电机、高压导线、充电插头、动力电池、驱动电机、充电插座、电动压缩机和 PTC 加热器等。

3. 高压配电系统

高压配电系统是将动力电池的高压电分配给电机控制器、驱动电机、电动压缩机、PTC 加热器、DC－DC 变换器等高压用电设备。同时将交流或直流充电口导入的高压充电电流分配给动力电池，以便为动力电池充电。

4. 动力电池管理系统

动力电池管理系统也称动力电池控制器，是动力电池管理和保护的核心部件，它的作用是保证动力电池使用安全可靠，控制动力电池组的充放电，并向整车控制单元上报动力电池系统的基本参数及故障信息。

5. 电机控制器

电机控制器是控制动力电池和驱动电机之间能量传输的装置，其主要功能包括车辆的怠速控制、车辆前进(控制电机正转)、车辆倒车(控制电机反转)、DC/AC 变换等。

六、学习任务练习单

动力电池绝缘系统检查维护保养	学习任务练习单	班级：
		姓名：

1. 维护保养时，维护操作人员应固定或脱掉宽松衣服及取下戒指、手表之类的饰物，并佩戴_____。金属饰物接触带点零部件会导致_____或_____。

2. 在打开部件的保护性壳体之前，先将其_____。

3. 使用测试设备(如万用表、绝缘测试仪等)时，切勿将探针插入_____或_____端子中。测试探针会使大多数_____变形，导致接触不良，从而导致系统故障。正确的测量方法是从_____探测端子，切勿使用_____或_____去检测端子。

4. 检测高压系统前应先使用_____测量整车高压回路，确保无电。断开直流母线_____分钟后，测量_____和_____之间的电压来初步判断是否漏电，若检测到电压大于等于_____，应立刻停止操作，检查判断漏电部位。

5. 使用万用表测量高压时，需要遵守_____原则。

6. 冷却液不能_____、_____、也不能_____的冷却液。

7. 绝缘工具使用前必须检查、确保其_____、_____、_____，不能_____进行操作，确保安全。

任务 4.3　电池模组及管理器检查保养

一、任务目标

1. 知识目标

（1）能够描述动力电池内部组成部件及功能。

（2）能够描述常见车型动力电池组的结构组成。

（3）能够描述动力电池的存放与回收处理注意事项。

2. 技能目标

（1）能够正确对车辆进行检查。

（2）能够进行新能源汽车动力电池组分解与组装。

（3）能够正确使用各种维修工具。

3. 素养目标

（1）能够在工作过程中与小组其他成员合作、交流，养成团队合作意识，锻炼沟通能力。

（2）养成 7S 的工作习惯，遵循企业文化。

（3）弘扬工匠精神，宣扬社会主义核心价值观，培养学生奋发图强的爱国主义精神。

（4）强化节约与环保意识。

动力电池模组的拆卸与装配

二、任务定位

任务定位见表 4-3-1。

表 4-3-1　任 务 定 位

【新能源汽车维护与保养】强化项目表																	
工作		一				二				三				四			
职业功能		新能源汽车安全防护				充电系统检查保养				驱动电机系统检查保养				动力电池及管理系统检查保养			
任务分解要项		1	2	3	4	5	6	7	8	9	10	11	12	13	14	15	16
培训项目	资料数据参数	用电安全防护与安全生产	维修检测设备安全使用	高压用电作业安全规范	举升设备使用维护保养	充电桩安装与供电规范	车载充电机检查保养	车辆充电接口检查保养	车载充电系统检查保养	驱动电机系统检查保养	驱动电机控制系统检查保养	驱动电机冷却系统检查保养	减速传动机构检查保养	动力电池系统检查保养	动力电池绝缘系统检查保养	电池模组及管理器检查保养	动力电池热管理系统检查保养
	仪器量具使用																
	拆装量具调试																
技能知识		4				4				4				4			
单组时间		3	3	3	3	3	3	3	3	3	3	3	3	3	3	3	

三、设备与工具清单

设备与工具清单见表 4 - 3 - 2。

表 4 - 3 - 2　设备与工具清单

任务	作业项目	设备与工具清单
电池模组及管理器检查保养	1. 检查维修工位情况 2. 正确对车辆下电 3. 正确拆装动力电池模组 4. 正确检查动力电池模组安装情况 5. 上电检查车辆状况	1. 整车、举升机 2. 维修工具、工具箱、零件盒、手电筒 3. 绝缘防护套装（人员和场地） 4. 动力电池拆装举升平台 5. 电脑、维修手册

单体电池的拆卸与装配

动力电池模组以及单体电池的检查与保养

四、作业项目

电池模组及管理器检查保养

1. 工作情境描述

一辆长安 SL03 车辆行驶里程为 50 000 公里，其车主到店想对车辆电池模组及管理器进行检查。

2. 作业设备工具

长安 SL03 轿车、动力电池拆装举升平台、手电筒、绝缘防护用具、绝缘测量工具、绝缘拆装工具、电脑、维修手册。

3. 作业准备

检查车辆在工位停放周正、准备车内和车外防护套装。

4. 作业步骤

电池模组及管理器检查保养，作业步骤见表 4 - 3 - 3。

表 4 - 3 - 3　作 业 步 骤

操作示意图	操作步骤	是否完成
	（1）正确对车辆进行防护。	是□　　否□
	（2）正确对车辆进行下电。	是□　　否□
	（3）正确对车辆进行举升。	是□　　否□
	（4）正确排放冷却液。	是□　　否□

操作示意图	操作步骤	是否完成
	（5）正确对动力电池固定螺栓进行拆卸。	是□　　否□
	（6）正确对动力电池模组进行检查。	是□　　否□
	（7）正确对动力电池进行安装。	是□　　否□
	（8）正确对冷却液进行加注。	是□　　否□
	（9）检查安装动力电池后车辆上电是否正常。	是□　　否□

完成作业后，按 7S 标准进行场地整理。

行业小知识

动力电池模组进行检查时一定要做好人员和车辆的绝缘安全防护。

5．任务工作单

1）制订计划

根据电池模组及管理器基本检测与维护任务要求，制订动力电池组的检查计划，见表4-3-4。

表4-3-4　制订电动汽车动力电池组的检查计划

序　号	作 业 项 目	操 作 要 点
计划审核	审核意见： 　　　　　　　　　　　年　　月　　日　　签字：	

2）小组分工

根据任务计划完成小组分工，见表4-3-5。

表 4-3-5 小 组 分 工

主要操作人员		记录人员	
协助操作人员		审核人员	
仪器设备、工具、耗材			
序号	名　称	数量	是否清点
1			是□　　否□
2			是□　　否□
3			是□　　否□
4			是□　　否□
5			是□　　否□
6			是□　　否□
7			是□　　否□
8			是□　　否□
9			是□　　否□
10			是□　　否□

6. 作业任务总结

_____

_____

_____

_____

_____

_____

_____

_____

7. 电池模组及管理器检查保养作业评分表

电池模组及管理器检查保养作业评分表见表 4-3-6。

表 4-3-6　电池模组及管理器检查保养作业评分表

考核项目	评 分 标 准	分值	得分
任务导入	明确工作任务，理解任务在工作中的重要程度	5	
知识要点	冷却液的更换	15	
任务计划	制订电动汽车电池模组及管理器检测计划	10	
	能协同小组人员安排任务分工	5	
	能在实施前准备好所需要的工具器材	5	
任务实施	选择适当的冷却液	5	
	规范进行冷却液的排放	10	
	规范进行电池模组及管理器清洁	10	
	规范进行电池模组及管理器的检查保养	16	
	清点工具，打扫场地	5	
任务检查	学生任务完成，操作过程规范	10	
任务评价	学生能对自身表现情况进行客观评价	2	
	学生在任务实施过程中发现自身问题	2	
得分（满分 100）			

五、相关知识

动力电池系统主要由动力电池模组、电池管理系统、动力电池箱及辅助元器件等四部分组成。

1. 动力电池模组

模组：由多个电池模块或单体电芯串联组成的一个组合体。

（1）电池单体：构成动力电池模块的最小单元。

一般由正极、负极、电解质及外壳等构成，可实现电能与化学能之间的直接转换。

动力电池管理器的
检查与保养

（2）电池模块：一组并联的电池单体的组合，该组合额定电压与电池单体的额定电压相等，是电池单体在物理结构和电路上连接起来的最小分组，可作为一个单元替换。

2. 电池管理系统（Battery Management System，BMS）

（1）BMS 的作用：电池保护和管理的核心部件，在动力电池系统中，它的作用就相当于人的大脑。它不仅要保证电池安全可靠地使用，而且要充分发挥电池的能力和延长使用寿命。作为电池和整车控制器以及驾驶人沟通的桥梁，通过控制接触器控制动力电池组的

充放电，并向整车控制器 VCU 上报动力电池系统的基本参数及故障信息。

（2）BMS 具备的功能：通过电压、电流及温度检测等功能实现对动力电池系统的过电压、欠电压、过电流、过高温和过低温保护、继电器控制、荷电状态（State of Charge，SOC）估算、充放电管理、均衡控制、故障报警及处理、与其他控制器通信功能等功能；此外电池管理系统还具有高压回路绝缘检测功能，以及为动力电池系统加热功能。

3. 动力电池箱及辅助元器件

动力电池箱是支撑、固定、包围电池系统的组件，主要包含上盖和下托盘，还有辅助元器件，如过渡件、护板、螺栓等，动力电池箱有承载及保护动力电池组及电气元件的作用。

六、学习任务练习单

电池模组及管理器	学习任务练习单	班级：
		姓名：

1. 填空题：

（1）动力电池系统主要由动力电池模组、_____、动力电池箱及_____等四部分组成。

（2）动力电池模组是由多个_____或单体电芯_____组成的一个组合体。

（3）动力电池箱有承载及保护_____及_____的作用。

（4）接触器用于控制高电压的_____，当接触器断开后，高电压保存在_____内。

2. 判断题：

（1）电池模块是构成动力电池组的最小单元。　　　　　　　　　　　（　　）

（2）电池模组由单个电池模块或单体电芯串联组成的一个组合体。　　（　　）

（3）电池管理系统具有高压回路绝缘检测功能，以及为动力电池系统加热功能。

　　　　　　　　　　　　　　　　　　　　　　　　　　　　　　　（　　）

（4）动力电池应当正立安装放置，不可倾斜，动力电池组间应有通风措施。　（　　）

（5）只允许具备高电压蓄电池单元修理资质的维修人员进行蓄电池拆装和分解工作。

　　　　　　　　　　　　　　　　　　　　　　　　　　　　　　　（　　）

任务 4.4　动力电池热管理系统检查保养

一、任务目标

1. 知识目标

（1）了解冷却液的种类。

（2）了解冷却液的作用。

（3）掌握如何检查冷却液冰点值。

（4）熟知冷却液的更换方法。

2. 技能目标

（1）能够正确检查冷却液液位。

（2）能够正确使用冰点检测仪。

（3）能够正确检查冷却液冰点值。

（4）能够正确使用各种维修工具。

3. 素养目标

（1）能够在工作过程中与小组其他成员合作、交流，养成团队合作意识，锻炼沟通能力。

（2）养成 7S 的工作习惯，遵循企业文化。

（3）弘扬工匠精神，宣扬社会主义核心价值观，培养学生奋发图强的爱国主义精神。

（4）强化节约与环保意识。

二、任务定位

任务定位见表 4-4-1。

表 4-4-1　任务定位

【新能源汽车维护与保养】强化项目表																		
工作		一				二				三				四				
职业功能		新能源汽车安全防护				充电系统检查保养				驱动电机系统检查保养				动力电池及管理系统检查保养				
任务分解要项		1	2	3	4	5	6	7	8	9	10	11	12	13	14	15	16	
培训项目	资料数据参数 / 仪器量具使用 / 拆装量具调试	用电安全防护与安全生产	维修检测设备安全使用	高压用电作业安全规范	举升设备使用维护保养	充电桩安装与供电规范	车载充电机检查保养	车辆充电接口检查保养	车载充电系统检查保养	驱动电机系统检查保养	驱动电机控制器检查保养	驱动电机冷却系统检查保养	减速传动机构检查保养	动力电池系统检查保养	动力电池绝缘系统检查保养	电池模组及管理器检查保养	动力电池热管理系统检查保养	
技能知识		4				4				4				4				
单组时间		3	3	3	3	3	3	3	3	3	3	3	3	3	3	3	3	

三、设备与工具清单

设备与工具清单见表 4-4-2。

表 4-4-2 设备与工具清单

任务	作业项目	设备与工具清单
动力电池热管理系统检查保养	1. 检查冷却液液位 2. 使用冰点检测仪测量冰点值 3. 检查冷却水管连接处情况 4. 检查散热器情况 5. 检查 PTC 加热器外观及线束情况	1. 整车、举升机 2. 维修工具、工具箱、零件盒、手电筒 3. 绝缘防护套装（人员和场地） 4. 冷却液冰点检测仪 5. 电脑、维修手册

四、作业项目

动力电池热管理系统检查保养

1. 工作情境描述

一辆长安 SL03，其行驶里程为 50 000 公里，车主到店想对车辆热管理系统进行检查。

动力电池冷却液的
更换方法

2. 作业设备工具

长安 SL03 轿车、冷却液冰点检测仪、手电筒、绝缘防护用具、绝缘测量工具、电脑、维修手册。

3. 作业准备

检查车辆在工位停放是否周正、准备车内和车外防护套装。

4. 作业步骤

动力电池热管理系统检查保养，其作业步骤见表 4-4-3。

表 4-4-3 作 业 步 骤

（1）清洗冷却系统。		
	是否将车辆冷却系统预热	是□ 否□
（2）排放冷却液。		
	排放冷却液的步骤	
	是否正确排放冷却液	是□ 否□
	是否可以再次使用	是□ 否□

(3) 加注冷却液。				
	加注冷却液	是否能混合使用	是□	否□
		加注截至位置	MAX□	MIN□
	连接车辆诊断仪，打开点火开关，选择排气，将冷却系统内部空气排出	是否能使用水代替冷却液	是□	否□
	反复加注，直到达到加注要求	冷却液总加注量	(　　)L	
		冷却液上限	MAX□	MIN□
(4) 检查 PTC 加热系统。				
	检查 PTC 加热系统外观有无损坏，插接件是否连接牢固？	PTC 加热器外观组件是否损坏？	是□	否□

完成以上作业后，按 7S 标准进行场地整理。

行业小知识

冷却液不能重复使用、混合使用，也不能更换不同颜色的冷却液。

更换冷却液材料费大约为：100 元；工时费大约为：50 元。

5. 任务工作单

1）制订计划

根据电动汽车冷却系统基本检测与维护任务要求，制订冷却液的更换和热管理系统检查计划见表 4-4-4。

表 4 - 4 - 4　电动汽车冷却液更换计划

序　　号	作业项目	操 作 要 点
计划审核	审核意见：	年　　月　　日　　签字：

2）小组分工

根据任务计划完成小组分工，见表 4 - 4 - 5。

表 4 - 4 - 5　小 组 分 工

主要操作人员		记录人员	
协助操作人员		审核人员	
仪器设备、工具、耗材			
序号	名　　称	数量	是否清点
1			是□　　　否□
2			是□　　　否□
3			是□　　　否□
4			是□　　　否□
5			是□　　　否□
6			是□　　　否□
7			是□　　　否□
8			是□　　　否□
9			是□　　　否□
10			是□　　　否□

6. 作业任务总结

---

7. 动力电池热管理系统检查保养作业评分表

动力电池热管理系统检查保养作业评分表见表 4-4-6。

表 4-4-6　动力电池热管理系统检查保养作业评分表

考核项目	评 分 标 准	分值	得分
任务导入	明确工作任务，理解任务在工作中的重要程度	5	
知识要点	冷却液的更换	15	
任务计划	制订电动汽车冷却液更换计划	10	
	能协同小组人员安排任务分工	5	
	能在实施前准备好所需要的工具器材	5	
任务实施	选择适当的冷却液	5	
	规范进行冷却液的排放	10	
	规范进行冷却系统的清洗	10	
	规范进行冷却液的加注	16	
	清点工具，打扫场地	5	
任务检查	学生任务完成，操作过程规范	10	
任务评价	学生能对自身表现情况进行客观评价	2	
	学生在任务实施过程中发现自身问题	2	
得分（满分 100）			

五、相关知识

1. 检查冷却液的正确方法

（1）检查冷却液液面，若低于标准刻度，及时加注冷却液，如图 4-4-1 所示。

图 4-4-1　冷却液液面检查　　　　　　　动力电池冷却液的检查与保养

（2）目视检查冷却系统管路及各零部件接口处有无泄漏情况。冷却液按规定需要配成醒目的颜色，确保泄漏时能目视发现。

（3）启动车辆，使用红外线测温仪检查散热器、驱动电机、电机控制器、车载充电机、动力电池等部件温度是否正常。

（4）在车辆启动的情况下，检查电动水泵有无泄漏，是否存在异响。电动水泵是冷却液循环的动力源，确保电动水泵能正常工作十分重要。因此需要检查电动水泵的线束是否有老化、破损等情况，检查电动水泵是否能正常工作。

（5）清洗散热器散热翅片是良好传热效果所必需的。当散热器和空调散热翅片出现碎屑堆积时需要进行清洗，在散热器后部（电机侧）使用压缩空气吹走散热器或空调散热翅片的碎屑。

2. 更换冷却液的正确方法

1）排放冷却液

（1）关闭所有用电器及点火开关，拔出点火钥匙。

（2）旋出低温膨胀水箱盖。

（3）拆下发动机下护板。

（4）将用于收集冷却液的容器放置在车辆底部。

（5）旋出散热器橡胶塞，将冷却液软管中的冷却液排出。

2）加注冷却液

（1）安装散热器橡胶塞，并拧紧。

（2）按规范添加冷却液。

（3）打开点火开关，连接车辆诊断仪，选择"起动 HEV 电动水泵"，将系统内的空气排出。

（4）再次检查冷却液液位是否到低温膨胀水箱的上部标记"MAX"处，必要时添加冷却液。

（5）当冷却液加注至加注口位置时，起动电动水泵，待电动水泵运行 2～3 min 后再补充冷却液，重复以上操作，直到达到冷却液加注标准。

六、学习任务练习单

动力电池冷却系统检查维护保养	学习任务练习单	班级：
		姓名：

1. 冷却液液位位于_____。
2. 禁止使用_____和_____作为防腐剂的冷却液。
3. 冷却液不能重复使用、混合使用、也不能更换不同颜色的冷却液。
4. 冷却液添加剂与水的比例至少_____。
5. 在寒冷的北方，必须保证防冻温度低至约_____有的地方低至约_____。
6. 冷却液不能_____、_____、也不能_____的冷却液。
7. 排放完冷却液后，用清水清洗的目的是_____。
8. (多选)一般情况下，冷却液的更换周期是(　　)。
   A. 3 年左右　　　　　　　　　　B. 4 年左右
   C. 30 000～40 000 km　　　　　D. 20 000 km 左右

参 考 文 献

［1］ 朱凯. 汽车电气设备构造与维修［M］. 上海：同济大学出版社，2020.

［2］ 何泽刚. 新能源汽车认知与使用安全［M］. 北京：机械工业出版社. 2018.

［3］ 包丕利. 新能源汽车认知与保养［M］. 北京：机械工业出版社. 2018.

［4］ 孔超. 纯电汽车电池及管理系统拆装与检测［M］. 北京：机械工业出版社. 2018.